Reformation, Humanismus, Renaissance

Kompaktwissen Geschichte

Herausgegeben von Gerhard Henke-Bockschatz

Reformation, Humanismus, Renaissance

Von Klaus Pfitzer

Reclam

RECLAMS UNIVERSAL-BIBLIOTHEK Nr. 17085
2015 Philipp Reclam jun. GmbH & Co. KG,
Siemensstraße 32, 71254 Ditzingen
Durchgesehene Ausgabe 2016
Gestaltung: Cornelia Feyll, Friedrich Forssman
Druck und Bindung: Kösel GmbH & Co. KG,
Am Buchweg 1, 87452 Altusried-Krugzell
Printed in Germany 2020

ISBN 978-3-15-017085-4
www.reclam.de

Inhalt

III Quellen 101

Einleitung

»O Jahrhundert, o Wissenschaften! Es ist eine Lust zu leben.« So euphorisch beschrieb Ulrich von Hutten im Jahr 1518 das Lebensgefühl seiner Zeit. Diese Zeit brachte viel Neues im Bereich der Bildung, in der Kunst, in den Wissenschaften, in der Politik. Diese Zeit, die später Renaissance genannt werden sollte, beendete das Mittelalter und sollte durch die Übernahme antiker Vorbilder zu einem besseren Menschsein führen. Zugleich war sie das Zeitalter der Entdeckungen, die zu einem größeren Wissen über die Welt führten. Der Frühkapitalismus entwickelte sich, es entstanden große Handelshäuser, die sich in vielen Branchen eine Monopolstellung verschafften und die Handwerksbetriebe zunehmend bedrängten. Die Reformation brach aus, es kam zu Machtkämpfen zwischen ihren Befürwortern und Gegnern und zum Bauernkrieg. Die Schwerpunkte der Macht verschoben sich. Weil diese Entwicklungen zu unseren modernen Strukturen führten, wird die Renaissance als Beginn der Neuzeit betrachtet. Worin liegt der entscheidende Umbruch zwischen Spätmittelalter und früher Neuzeit? Ist die Renaissance überhaupt eine eigenständige Epoche? Wie sehr veränderte sie das Leben der Menschen? Um all diese Fragen soll es im ersten Kapitel gehen.

Was trieb die Gelehrten, die sogenannten Humanisten, an, sich vom mittelalterlichen Weltbild abzuwenden und in der Rückbesinnung auf das antike Menschenbild eine Leitlinie für das gegenwärtige und künftige Leben zu entwickeln? Wie sehr veränderten sie die Weltsicht ihrer Zeit? Die empirischen Wissenschaften erfuhren einen starken Aufschwung und führten zu neuen Erkenntnissen und Einsichten. Die Humanisten studierten die antiken Schriften und konnten vergessenes oder in den Hintergrund getretenes Wissen wiederbeleben und neu daran anknüpfen. Dieses Wissen beeinflusste in hohem Maße auch die Theologie. Die Bibel wurde neu gelesen und interpretiert. Die immer wieder verzögerten Reformen des Spätmittelalters brachen jetzt auf und veränderten die Glaubensweise und die Glaubensinhalte. Wie groß der Einfluss des Humanismus auf diese Zeit war, wie stark sich die Welt, in der die Menschen lebten, veränderte und in welche Richtung sich die theologischen Reformen entwickelten, zeigt das zweite Kapitel.

Im Zentrum des dritten Kapitels stehen die großen Veränderungen der Glaubenswelt. Die Reformation hatte umstürzende Auswirkungen auf das Leben der Menschen. Problematische Strukturen innerhalb der Gesellschaft, wie das Verhältnis der Menschen zu ihrer Kirche und zu ihren Herrschern oder das Verhältnis der Fürsten zu ihrem Kaiser, wurden nun deutlicher sichtbar. In der Auseinandersetzung mit der Reformation mischte sich Weltliches und Geistliches. Das führte zu einer extremen Krise, die sich in Unruhen und Kämpfen entlud. Die römische Kirche und ihr Klerus wie auch die weltlichen Herren und Herrscher verloren an Autorität. Das alte System wurde instabil. Mit dem Ziel größerer politischer Eigenständigkeit setzte sich ein Teil der Fürsten an die Spitze der Reformation. Im Zusammenwirken mit den übrigen Fürsten und dem Kaiser wurden, teilweise mit Gewalt, die geistlichen und weltlichen Verhältnisse neu geregelt, und es entstanden neue Strukturen.

Zeittafel

1414–1418	Konzil in Konstanz (einberufen von König Sigismund)
1415	Jan Hus wird als Ketzer in Konstanz verbrannt
1431–1449	Konzil in Basel (Reformversuche scheitern)
um 1450	Erfindung des Buchdrucks mit beweglichen Lettern durch Johannes Gutenberg
1453	Fall Konstantinopels nach der Belagerung durch die Osmanen unter Sultan Mohammed II.
1492	Entdeckung Amerikas durch Christoph Kolumbus (Kompass seit dem 14. Jahrhundert in Europa bekannt, 1471 erste Weltkarte)
1498	Vasco da Gama findet den Seeweg nach Indien
1492–1517	Bauernaufstand des Bundschuh
1506	Beginn des Baus des Petersdoms in Rom (bis 1626)
1511–1525	Jakob Fugger kontrolliert die europäische Blei-, Silber- und Kupferproduktion. Er finanzierte die Kaiserwahl und die Kriege Kaiser Karls V.
1511	Johannes Reuchlin wendet sich gegen den Plan, hebräische Schriften des mitteleuropäischen Judentums zu vernichten. Viele namhafte Humanisten solidarisieren sich mit ihm.
1516	Neuausgabe des Neuen Testaments in griechischer Sprache mit lateinischer Übersetzung durch Erasmus von Rotterdam.
1517	Bekanntmachung der Thesen Luthers
1517	Aufruf von Erasmus von Rotterdam an die deutschen Fürsten und Theologen zum Frieden
1518	Beginn der Reformation in der Schweiz durch Zwingli. Anklage Luthers wegen Ketzerei
1519	Wahl Karls V. zum römisch-deutschen Kaiser

	Erste Erdumsegelung durch Ferdinand Magellan (bis 1522)
	Eroberung Mexikos durch Cortez (bis 1521). Zerstörung der Hochkultur der Azteken
1520	Luther veröffentlicht die drei reformatorischen Schriften *An den christlichen Adel deutscher Nation, Von der babylonischen Gefangenschaft der Kirche* und *Von der Freiheit eines Christenmenschen*.
	Luther verbrennt die Bannandrohungsbulle des Papstes.
1521	Luther vor dem Reichstag in Worms
1521–1522	Luther übersetzt auf der Wartburg die Bibel ins Deutsche (nach der Vorlage von Erasmus).
1521	Erasmus von Rotterdam geht nach Basel, um nicht in den Streit zwischen der Kirche und den Reformatoren hineingezogen zu werden.
1521–1526	Erster von insgesamt fünf Kriegen Karls V. gegen Frankreich
1524–1525	Bauernkriege
	Einführung der Reformation im Ordensstaat Preußen
1526/1529	Streit auf den Reichstagen zu Speyer über die Ächtung Luthers
1529	Die Türken belagern Wien.
1530	Augsburger Konfession
1531	Eroberung Perus durch Pizarro (bis 1534). Zerstörung des Inka-Reiches
1532	Nürnberger Religionsfriede: Bis zu einem Konzil erhalten die Protestanten das Recht auf freie Religionsausübung.
1534	Der britische König Heinrich VIII. macht sich zum Oberhaupt der britischen Kirche (Anglika-

	nische Kirche). Thomas Morus wendet sich gegen Heinrich VIII.
1539	Gründung des Jesuitenordens durch Ignatius von Loyola
1541	Reformation in Genf durch Calvin (1509–1564). Neue kirchliche Ordnung
1542	Genfer Katechismus
1545–1563	Konzil zu Trient. Reformen stoßen die Gegenreformation an.
1552–1556	Krieg gegen Frankreich. Karl V. lässt Metz vergeblich belagern.
1555	Augsburger Religionsfriede
1556	Abdankung Karls V.; endgültige Teilung des Hauses Habsburg in einen spanischen und einen deutschen Zweig
1562–1598	Hugenottenkriege in Frankreich (seit Mitte der 1540er Jahre zunehmende Calvinisierung der französischen Protestanten)
1598	Heinrich IV. von Frankreich erlässt das Edikt von Nantes.
1608	Gründung der protestantischen »Union« in Deutschland
1609	Gründung der katholischen »Liga«
1618–1648	Dreißigjähriger Krieg
1648	Westfälischer Friede (in Münster und Osnabrück)
1685	Aufhebung des Edikts von Nantes durch Ludwig XIV.

I Darstellung

1 Die Renaissance

Voraussetzungen und Charakterisierungen

Renaissancen, das heißt Wiedergeburten vergangener Kulturen, gab es immer wieder, in der Antike die augusteische Renaissance, später und bekannter dann die karolingische Renaissance, vor allem unter Karl dem Großen, in der christlich-römische Elemente in die fränkische Kultur eingebettet wurden, ferner die ottonische und die staufische Renaissance. Dennoch versteht man unter dem Begriff »Renaissance« zumeist allgemein die Kulturwende vom Mittelalter zur Neuzeit, die im 13. und 14. Jahrhundert in Italien ihren Anfang nahm und sich von dort aus auf dem europäischen Kontinent ausbreitete.

In Italien waren im Mittelalter einige reiche und mächtige Stadtrepubliken mit einem selbstbewussten Patriziat entstanden, die nach den ersten Kreuzzügen den Mittelmeerhandel, vor allem denjenigen mit dem Orient, unter ihre Kontrolle gebracht und so ihren Reichtum noch vermehrt hatten. Bei den Patriziern und den gebildeten Bürgern entstand sehr bald die Vorstellung, in einem neuen Zeitalter zu leben. Man begann auf die Ideale des Humanismus der Römerzeit zurückzugreifen, und auch das klassische Latein erlebte eine Renaissance. Dass auch das Altgriechische wiederentdeckt wurde, ist zum Teil dadurch zu erklären, dass nach dem Scheitern der Kreuzzüge immer mehr Flüchtlinge aus dem von den Osmanen eroberten Byzanz nach Italien kamen. Die Griechisch sprechenden Flüchtlinge brachten viele klassisch-griechische Texte mit, die auf diese Weise den italienischen Gelehrten zugänglich wurden. Darunter waren zum Beispiel das Neue Testament und die Werke des Aristoteles, die bislang nur in lateinischen

Übersetzungen bekannt waren. Durch den Vergleich mit den jetzt vorliegenden griechischen Urtexten konnte nun festgestellt werden, dass die lateinischen Übersetzungen ungenau und fehlerhaft waren.

Es scheint paradox, dass diese alten Sprachen zur Sprache der Erneuerung wurden. Die Schriftsteller der Renaissance ahmten sogar den Stil der antiken Autoren nach. Doch war damals ein zyklisches Geschichtsverständnis vorherrschend, und man meinte, dass nach einer Phase der Nichtbeachtung der klassischen Kultur der Griechen und Römer nun wieder die Hochblüte der Klassik angebrochen sei. Diese Zwischenzeit bis zur Wiedergeburt der alten Kultur wurde »Mittelalter« genannt. Manche setzten noch das Attribut »finsteres« davor, da in dieser Zwischenphase des »Zerfalls« das Licht der Klassik nicht geleuchtet habe. So lebten die Anhänger dieser Vorstellung in einem Spannungsfeld zwischen dem antiken Ideal und der zeitgenössischen Wirklichkeit, dem Leben in den italienischen Stadtstaaten mit ihren gesellschaftlichen und politischen Strukturen, der neuen Wissenschaft und dem christlichen Weltbild. Die Renaissance war im Wesentlichen eine städtische Bewegung einer Minderheit der Gebildeten, die sich als Konsuln, als Patrizier in einem neuen Rom fühlten, ausgestattet mit einem neuen Selbstbewusstsein. Sie war keine »Wiedergeburt« der ganzen Gesellschaft in all ihren Aspekten. Die Ausprägung des neuen Lebensgefühls kam in unterschiedlicher Intensität vor. Kulturelle Zentren dieser Zeit, die damals auch als »goldenes Zeitalter« bezeichnet wurde, waren das Florenz des Lorenzo I. Medici und das Rom der Medici-Päpste. Die Träger der Entwicklung waren unter vielen anderen die neugegründeten Akademien und nicht zuletzt Dichter und Künstler wie Petrarca, Boccaccio, Ariost oder Leonardo da Vinci.

Die Renaissance ist weniger als eine »kulturelle Revolution« im Sinne eines plötzlichen Bruchs mit der Vergangenheit zu verstehen, als vielmehr als eine graduelle Entwicklung, in deren Verlauf sich mehr und mehr Menschen von einzelnen Inhalten der spätmittelalterlichen Kultur ab- und der klassischen Vergangenheit zuwandten. Zur Ausbreitung der Renaissance in Europa trugen auch die vermehrten Reisen von Künstlern und Literaten nach Italien bei. Zwischen Italien und den Niederlanden gab es schon früh einen regen Austausch. Beteiligt an diesem Transfer waren auch Künstler und Literaten, die aus politischen oder aus religiösen Gründen ins Exil gehen mussten. Die neuen Impulse aus Italien wurden jedoch nicht einfach nachgeahmt, sondern eigenständig verarbeitet. Schließlich trafen sie vor allem in Mitteleuropa auf ganz andere Voraussetzungen. So waren hier die ständische Gliederung, die genossenschaftlichen Verbände und die universale Reichsidee noch ganz vom Mittelalter geprägt.

Neues Denken

Das Menschenbild

Auch außerhalb Italiens erwachte das Selbstbewusstsein des nach Bildung strebenden gehobenen Bürgertums. Nicht mehr so sehr die Gruppe, die Kaufmannsgilden, die Zusammenschlüsse der einzelnen Gewerbe (Zünfte), die Gemeinschaften, sondern der Einzelne, das Individuum geriet jetzt stärker in das Blickfeld. Dieses neue Selbstverständnis des Menschen, verbunden mit einer neuen Einstellung zu seiner ihn umgebenden Welt, ließ neue Leitbilder entstehen, die die Lebensführung, die Denkweise und die Urteile der Menschen immer mehr bestimmten. Es galt als sicher, dass der Mensch einen unbeschränkten freien Willen habe, mit dem er sein Leben frei gestalten solle. So führte Ghianozzo Manetti 1452 über den selbständig handelnden und autonomen Menschen aus, dass die Welt zwar von Gott geschaffen sei, aber der Mensch sie verwandelt und verbessert habe. Die Architektur, Kunstwerke, Handel und Wissenschaft habe der Mensch selber hervorgebracht, ebenso alle Erfindungen, alle Arten von Sprachen und Literaturen.

Aeneas Silvius rührte in einer Schrift von 1450 sogar an der Ständegesellschaft, indem er die Bildung als das einzige Merkmal für die gesellschaftliche Stellung des Menschen charakterisierte. Weder Reichtum noch Macht könne das Fehlen von Bildung aufwiegen, ein Mensch ohne Bildung sei wie ein Standbild aus Stein, und kein Herzog, kein Kaiser habe ohne wissenschaftliche Bildung irgendeinen Wert oder irgendeine Bedeutung. Diese Ideale aufnehmend jubelte in Mitteleuropa 1518 Ulrich von Hutten, es sei eine Lust, in einem Jahrhundert der Wissenschaften und der Bildung zu leben. Bildung sollte im Sinn der Renaissance dazu beitragen, die Welt zu gestalten und zu bewältigen. Indem sie sich am antiken Menschenideal orientierte, sollte sie die schöpferischen Kräfte des Menschen aktivieren. Die Welt, in der er lebte, konnte und sollte der Mensch in seiner ganzen ihm von Gott ursprünglich verliehenen Eigenständigkeit aktiv gestalten. Auch deshalb stieß die Natur jetzt auf großes Interesse, vor allem bei Literaten und Künstlern. Auch die Schönheit des Menschen wurde jetzt vermehrt dargestellt. Doch gab es auch pessimistische Untertöne, die auf die Erfahrung der Vergänglichkeit, Unbeständigkeit und Unsicherheit des Menschen und die Schwäche der menschlichen Natur verwiesen.

Die Bildende Kunst

In der Malerei, Bildhauerei und Architektur werden die Vorstellungen dieser Zeit augenscheinlich. Das Äußere des Menschen wurde neu gesehen. Die Kunstwerke der Antike, die in Italien allerorts vorzufinden waren, wurden als Vorbilder studiert und nachgeahmt. So erfuhren die Künstler die Bedeu-

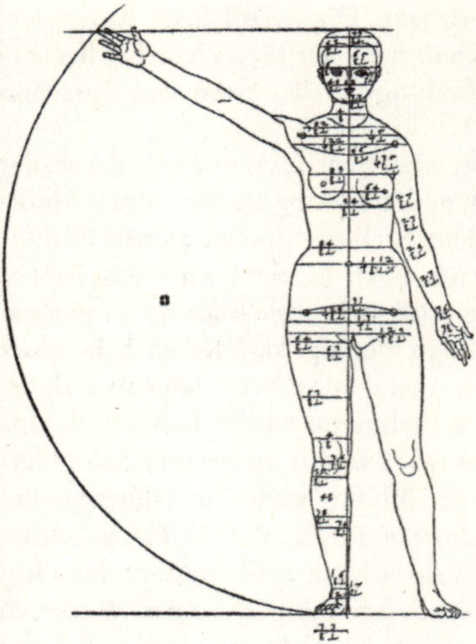

1 Albrecht Dürer: Proportionsstudie (1528).

tung der Unverwechselbarkeit des Einzelnen, der seine Talente und Individualität möglichst weitreichend und in Harmonie mit sich selbst entwickeln sollte. Damit die Malerei und Bildhauerei den Menschen auch richtig, realistisch darstellen konnte, wurde er von den Künstlern entsprechend vermessen. Bekannt sind die Studie der Proportionen des menschlichen Körpers von Leonardo da Vinci und die Studie »Betende Hände« von Albrecht Dürer oder seine Proportionsstudien.

Das Aufgreifen, die »Wiedergeburt« antiker Vorbilder und die Sichtweise der neuen Zeit – diese Revolution in der Ikonographie – wird durch den Vergleich der Darstellungen der drei Grazien »Frohsinn«, »Festesglanz« und »Lieblichkeit« aus mehreren Jahrhunderten deutlich. Das griechisch-römische Fresko aus dem 1. Jahrhundert n. Chr. zeigt die drei Grazien bewegt,

2 Die drei Grazien: römisches Fresko (1. Jahrhundert n. Chr.).

in unbekleideter Schönheit des Körpers und dreidimensional (Abb. 2).

Eine Illustration aus einem Buchdruck des frühen 15. Jahrhunderts zeigt sie dagegen im Stil mittelalterlicher Darstellungen züchtig bekleidet (Abb. 3). Die Figuren stehen starr und zweidimensional nebeneinander.

Die drei Grazien von Sandro Botticelli aus der Zeit der Renaissance, hier ein Ausschnitt aus »La Primavera«, sind bewegt, voll Lebenskraft, nur zart umhüllt, so dass auch ihre körperliche Schönheit zur Geltung kommt – jetzt wieder in einer dreidimensionalen Darstellung wie in der Antike (Abb. 4).

Mit der Darstellung antiker, also heidnischer, unchristlicher Motive, die jetzt den christlichen Darstellungen gleichgesetzt wurden, wenden sich die Malerei und Bildhauerei der Renaissance in Italien ganz bewusst auch dem alltäglichen, weltlichen Lebensbereich zu. Außer diesen Motiven werden auch Männer

3 Die drei Grazien: Buchillustration aus dem frühen 15. Jahrhundert.

und Frauen in Auftragsarbeiten porträtiert, wobei die Maler, um die gewünschte Bedeutung und Individualität ihrer Auftraggeber deutlich zu machen, nicht nur deren Schönheit, sondern vor allem auch deren Reichtum durch Hervorhebung von Kleidung und Schmuck glänzen ließen. Vorbei war die Bescheidenheit des Mittelalters, als sich die Auftraggeber eines Gemäldes höchstens als eine der Nebenpersonen einer religiösen Szene darstellen lassen konnten.

Auch nördlich der Alpen wurden die Mächtigen und die Reichen dargestellt, nicht aber antike Motive. Dürer beispielsweise hatte zwar in Italien die neue Malerei, also auch die Zentralperspektive, kennengelernt, ebenso die Darstellung weltlicher Motive und die Porträts bedeutender Persönlichkeiten, doch blieb er ansonsten der Tradition der Motivauswahl des Raumes

4 Die drei Grazien: Sandro Botticelli (Ausschnitt aus dem Gemälde »La Primavera«, um 1478).

nördlich der Alpen verhaftet. Die erste Reise nach Italien hatte er zu Beginn einer Pestepidemie in Nürnberg 1498 unternommen, die zweite 1504. Abbildung 5 zeigt ein Werk Dürers, das nach seiner ersten Reise entstand. Dargestellt ist die Geburt Christi, zwar bereits perspektivisch mit (etwas übertriebener) Tiefenflucht, aber doch noch teilweise der mittelalterlichen Maltradition verhaftet. Die Krippenszene ist in die Kulisse einer romanischen Ruine hineingesetzt, also ahistorisch, und die Nebenfiguren im Vordergrund am rechten und am linken Bildrand, darunter auch die Vertreter der Familie der Stifter des Altars, sind viel kleiner dargestellt als die Hauptper-

5 Albrecht Dürer: Der Paumgartnersche Altar (um 1503).

sonen, eben entsprechend ihrer geringeren religiösen Bedeutung. Ihre Darstellung gehorcht also noch der mittelalterlichen Ikonographie.

Auch in der Architektur zeigen sich in der Renaissance nördlich der Alpen nicht nur Stufengiebel, sondern auch (wie in der Malerei) die Verbindung antiker Elemente mit der Formensprache des Mittelalters, zum Beispiel der Spätgotik. Ein interessantes Beispiel ist der Innenhof des Alten Schlosses in Stuttgart. Um 1557 wurden an das mittelalterliche Schloss drei dreigeschossige Arkadenflügel angefügt. Die Säulen und ihre Kapitelle verweisen auf die Antike, doch die Stichbogenarkaden und das Kreuzrippengewölbe muten gotisch an. Die Spätgotik im Übergang zur Renaissance zeigt sich jedoch deutlich

6 Die Arkaden des Alten Schlosses in Stuttgart.

an der flachen Ausprägung der Bogen und des Gewölbes. Die Arkaden sind eines der frühesten süddeutschen Beispiele einer solchen Hofanlage der Renaissance.

Neues politisches Denken

Welchen Wandlungen das politische Denken in der Renaissance unterworfen war, zeigt die Schrift *Der Fürst* von Niccolò Machiavelli (1469–1527) aus dem Jahr 1513. Machiavelli war Verwaltungsangestellter in Florenz unter den Medici, Militärtheoretiker, politischer Reiseschriftsteller und Literat und beschrieb in seinem Traktat das Handeln der Fürsten, deren einziges Bestreben die Förderung des Staatswohls und die Sicherung der Existenzbedingungen des Staates sei. Jeder Staat, so Machiavelli, ordne sich als autonomes Wesen keiner übergeordneten Macht unter. Für den Fürsten in der Renaissance sei die Staatsräson das oberste Prinzip. Seine Herrschaft sei losgelöst von moralischen Werten und brauche zur Legitimation, anders als noch im Mittelalter, auch nicht die Rückbindung an das christliche Glaubensverständnis (Quelle 1). Eine solche Herrschaftsauffassung rechtfertigte alles, was dem Herrscher bzw. dem Staat nützte. In seinen Analysen der italienischen Staatskunst wollte Machiavelli den Medici, die über Florenz herrschten, klarmachen, dass die einzige Staatsform, die sich für Florenz eigne, die Republik sei. Stabil könne eine Republik aber nur dann sein, wenn sie der Gesamtheit der Bevölkerung nütze. Machiavelli rät dem Einzelherrscher, sich stets so zu verhalten, dass die Bevölkerung auf seiner Seite sei. Nicht unterdrückt, sondern ehrenvoll behandelt zu werden, sei das gute Recht des Volkes. Auch könne es besser als der Fürst erkennen, was seinem Wohl diene. Machiavellis Schriften konnten allerdings erst nach seinem Tod in Rom gedruckt werden und erfuhren so erst in der zweiten Hälfte des 16. Jahrhunderts Beachtung.

Erfindungen und Entdeckungen

Der Buchdruck

Die Erfindung des Buchdrucks mit beweglichen Lettern, die Johannes Gutenberg (1397–1468) in Mainz zugeschrieben wird, war grundlegend und im Wortsinn epochemachend. Auf diese Weise waren Bücher billiger und schneller herzustellen als mit Druckplatten aus Holz oder durch das Abschreiben eines Manuskripts. So wurden die Schriften und Erkenntnisse nicht nur schneller und preiswerter verbreitet, sondern sie erreichten auch durch die massenhafte Verbreitung eine größere Leserschaft, die jetzt Anteil an den Entwicklungen nehmen und auch selber Einfluss ausüben konnte. Die Zahl der veröffentlichten Titel wuchs zwischen den Jahren 1450 und 1600 von 30 000 auf 150 000 bis 200 000 an, die Anzahl der gedruckten Exemplare stieg in diesem Zeitraum auf 15 bis 20 Millionen und damit um das Zehnfache. Die beschriebene Bildungs- und Wissenschaftseuphorie und die Verbreitung ihrer Ergebnisse durch den Buchdruck setzte auch ein reges Anwachsen wissenschaftlicher und technischer Entdeckungen in Gang.

Wissenschaft und Technik

Seit 1480 entwarf der Maler Leonardo da Vinci technische Modelle und Visionen, zum Beispiel von Fahrzeugen und Fluggeräten, die erst ab dem 19. Jahrhundert in ähnlicher Weise gebaut werden konnten. Auch veröffentlichte er Schriften und Zeichnungen zur Anatomie des Menschen sowie zur Wasserkunde und Botanik. Seine Skizzen sind nur ein Beispiel für das Aufblühen der Wissenschaften und der Technik damals. Weitere Beispiele wären das Schießpulver und der Magnetkompass, die in China erfunden wurden und sich immer weiter verbreiteten. Die Schiffsbautechnik wurde weiterentwickelt, so dass leistungsfähigere und hochseetaugliche Schiffe, die Karavellen, gebaut werden konnten; neue Segeltechniken ermöglichten das Segeln gegen den Wind. Der Jakobsstab und seine Weiterentwicklung, der Quadrant, der, verfeinert als Sextant, noch bis ins 20. Jahrhundert in Gebrauch war, wurden erfunden und in der Seefahrt als Navigationsgeräte verwendet. 1492 wurde von dem Geographen und Kaufmann Martin Behaim der erste Erdglobus gebaut. Gerhard Mercator entwickelte 1568 die winkeltreue Kartenprojektion, die jetzt maßstabsgetreue Land- und vor allem Seekarten ermöglichte.

Durch diese Erfindungen und Entwicklungen waren die Seefahrer imstande, auf hochseetauglichen Schiffen Ziele präzise anzusteuern, zu orten und von den Geographen und Kartographen auf immer genauer werdenden Land- und Seekarten eintragen zu lassen. Dadurch konnten die Entdeckungen dokumentiert und von anderen Seefahrern wieder aufgefunden werden. Dabei hatten die Entdeckungsfahrt von 1492 und die drei weiteren Fahrten von Christoph Columbus die am weitesten reichenden Folgen. Nach ihnen überfielen und eroberten die »Conquistadoren« Hernando Cortez 1519–1521 die Hochkultur der Azteken und Francesco Pizarro 1531–1533 die Inka-Kultur. 1498 wurde von Vasco da Gama der Seeweg nach Indien um die Südspitze Afrikas herum entdeckt und 1519 bis 1522 erstmals eine Erdumsegelung unter der Führung von Ferdinand Magellan unternommen. Damit war die Kugelgestalt der Erde bewiesen. Die Karte zeigt die rasche Zunahme der Entdeckungsfahrten ab der Mitte des 15. Jahrhunderts (Abb. 7).

Vermutlich schon 1300 wurde in Italien eine Räderuhr erfunden. In Nürnberg ist eine solche Uhr erstmals um 1470 nachweisbar. Sie war eine Reaktion auf die immer stärker werdende Notwendigkeit, die Tageszeit exakter zu erfassen.

Nikolaus Kopernikus begründete mit seinen Beobachtungen, die er 1543 veröffentlichte, das heliozentrische Weltbild und wandte sich damit gegen das bisher anerkannte geozentrische Weltbild, das auf den antiken Gelehrten Ptolemäus zurückging. Später dann, um 1600 und zu Beginn des 17. Jahrhunderts, beobachtete und berechnete Tycho Brahe die Planetenbahnen, beschrieb Johannes Kepler dieselben als Ellipsen, erforschte Galileo Galilei mit Hilfe des Fernrohrs die Jupitermonde, den Saturnring und die Sonnenflecken und bestätigte um 1613 das kopernikanische Weltbild. Das ist der Beginn der modernen Astronomie, die zur Entmythologisierung der Gestirne und letztlich zur Raumfahrt führte. Auch der menschliche Körper rückte nun ins Zentrum des wissenschaftlichen Interesses. Girolamo Fracastoro stellte 1546 die These auf, dass gewisse Krankheiten durch Erreger übertragen werden. 1548 veröffentlichte Andreas Vesalius das erste wissenschaftliche

Werk über die Anatomie des Menschen. Diese Erkenntnisse hatte er durch die bisher und auch noch zu seiner Zeit häufig verbotene Sektion von menschlichen Körpern gewonnen. Das zweilinsige Mikroskop wurde 1590 in den Niederlanden entwickelt. Auch die Pharmazie entwickelte sich im 16. Jahrhundert rasch weiter.

Neu war, dass die Theorien der Antike über die Natur nun durch Versuche und exakte Messungen, in der Medizin auch durch Autopsie, nachgeprüft und dokumentiert werden konnten. Man erkannte jetzt »Naturgesetze«, die auf Empirie basierten.

Handel, Banken und Gewerbe

Durch die Entdeckung Amerikas und die Intensivierung des Seehandels mit Afrika und Ostasien wurde auch der Aufbau des Habsburgerreiches durch Maximilian und Karl V. gefördert, in dessen Reich mit seinen amerikanischen Besitzungen »die Sonne nicht unterging«. Das Reich bot für viele Gewerbezweige günstige Voraussetzungen. Dies betraf Rohstoffe wie Eisen und Buntmetalle, etwa Quecksilber, Blei, Galmei (zur Herstellung von Messing), aber auch Gold, Steine und Erden, Steinkohle, Holz, Anbau von Flachs und Hanf für das Textilgewerbe, Farbstoffe und Schafzucht. Der Bevölkerungsrückgang durch die Pestepidemien führte auch zu einem Rückgang an qualifizierten Arbeitskräften; diese konnten bei der in den Städten vorhandenen Kaufkraft jetzt bessere Bezahlung verlangen, auch weil mehr Luxusgüter gefragt waren. Die Zünfte waren in vielen Städten in die Herrschaft der Patrizier mit eingebunden. Sehr reich gewordene Handwerker ließen die Standesgrenze zu den Kaufleuten fließend werden.

Auf dem Land wirkte sich der Bevölkerungsrückgang in einer geringer werdenden Nachfrage nach Getreide und anderen

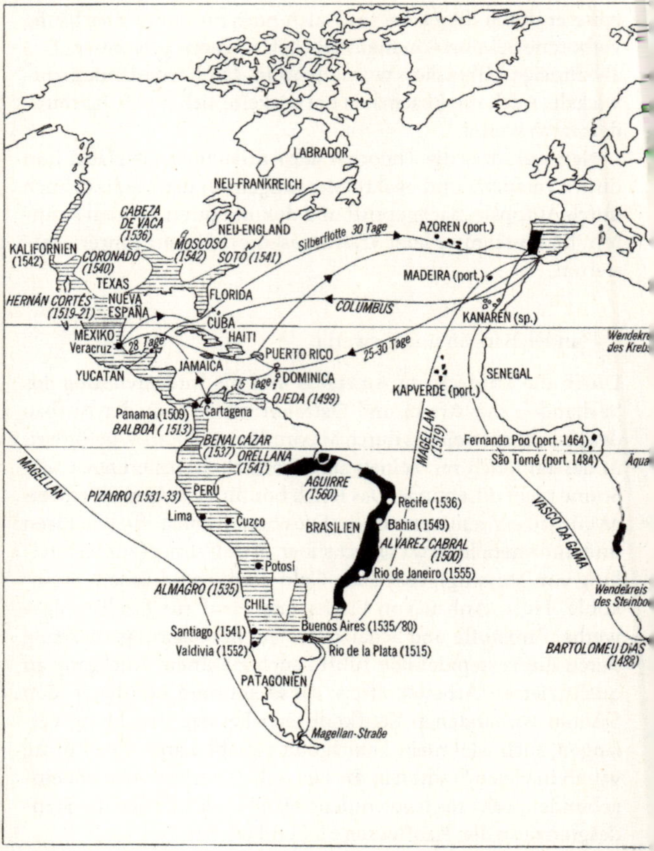

7 Spanische und portugiesische Expansion im 15. und 16. Jahrhundert.

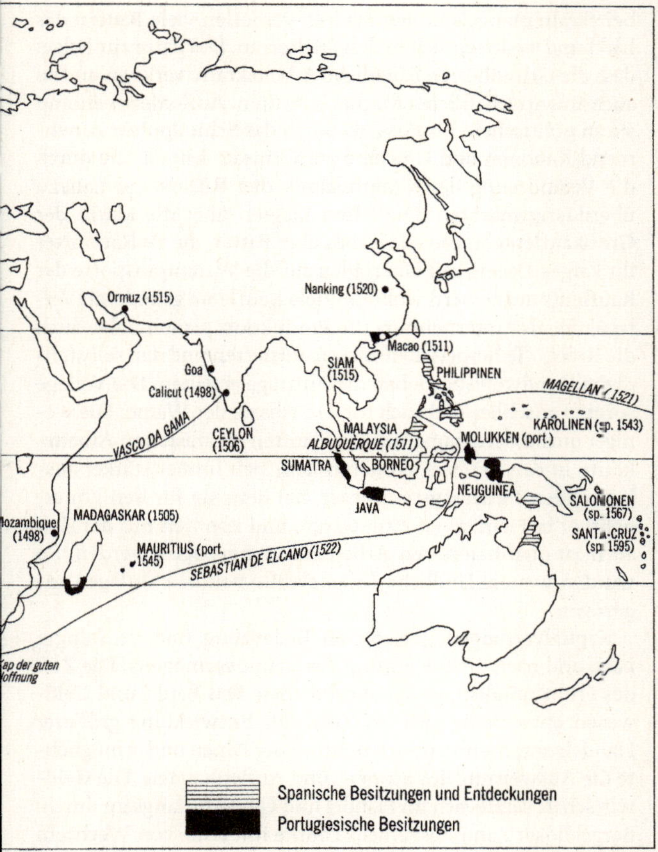

Ormuz (1515)
Nanking (1520)
Macao (1511)
Goa
Calicut (1498)
SIAM
(1515)
PHILIPPINEN
MAGELLAN (1521)
KAROLINEN (sp. 1543)
CEYLON
(1506)
MALAYSIA
VASCO DA GAMA
ALBUQUERQUE (1511)
MOLUKKEN (port.)
SUMATRA
BORNEO
NEUGUINEA
JAVA
SALOMONEN
(sp. 1567)
ozambique
(1498)
MADAGASKAR (1505)
MAURITIUS (port.
1545)
SEBASTIAN DE ELCANO (1522)
SANTA-CRUZ
(sp. 1595)
ap der guten
offnung
Spanische Besitzungen und Entdeckungen
Portugiesische Besitzungen

Produkten aus, so dass die Preise nachgaben. Wegen des Arbeitskräftemangels in den Städten verließen viele Bauern das Land und siedelten sich in den Städten an. Das hatte zur Folge, dass die Grundherren bäuerliche Arbeitskräfte verloren und so auch an wirtschaftlicher Macht einbüßten. Außerdem verloren sie an politischem Einfluss, da durch das Schießpulver zunehmend Kanonen und Gewehre zum Einsatz kamen, die durch die Veränderung der Kampftechnik den Ritterstand nahezu überflüssig machten. Die Ritter klagten über die Macht der Großkaufleute, diese wiederum über Ritter, die als Raubritter ihr karges Dasein mit Überfällen auf die Warentransporte der Kaufleute aufbessern wollten. Viele Kaufleute gründeten Verlage, die als Unternehmen die Produktion planten, also auch die Rohstoffe herbeischafften, organisierten und den selbständigen Handwerksbetrieben die Aufträge erteilten. Die Verlage sorgten anschließend auch für den Absatz der Waren. Die weniger qualifizierten und nicht in Zünften organisierten Arbeitskräfte in den Städten kamen in dem sich immer stärker ausbreitenden Verlagssystem unter, bei dem sie für den Unternehmer in Heimarbeit tätig waren, und konnten mit der Zeit auch zu qualifizierteren Arbeiten herangezogen werden. So wurden weitere ländliche Arbeitskräfte von den Verlagen angezogen.

Kapitalvermögen gewann an Bedeutung und verdrängte nach und nach die Bedeutung des Grundvermögens. Die Zeit des Frühkapitalismus war angebrochen. Das Bank- und Geldwesen entwickelte sich im Zuge der Entwicklung größerer Handelsunternehmen auch nördlich der Alpen und ermöglichte die Ausweitung des Binnen- und Außenhandels. Die Geldwirtschaft setzte sich im Handel und Gewerbe langsam durch. Bargeldloser Zahlungsverkehr konnte mit Hilfe von Wechseln (als Kredit- und Zahlungsmittel) durchgeführt werden. Neue Banken und Börsen entstanden, die den Handel mit Währungen und Wertpapieren ermöglichten und Kredite für den Warenverkehr vergaben.

Die Fugger, Welser, Medici
Ganze Wirtschaftsimperien entstanden, so zum Beispiel die großen Handelsunternehmen der Welser und der Fugger aus Augsburg. Diese Handelsgesellschaften hatten Niederlassungen in ganz Europa und waren in vielen Unternehmungen tätig. Auch der Geldverleih gehörte zum Geschäft eines solchen Handelshauses. Man betrieb Fernhandel und Überseehandel mit eigenen Schiffen, hatte Filialen zum An- und Verkauf von Rohstoffen und Waren, betrieb Einzelverkauf über Land, beschickte Märkte und Messen im In- und Ausland, hatte Beteiligungen an anderen Handelshäusern, besaß Bergwerke und Hütten, Hammerwerke und Mühlen, beschäftigte weitere Handwerker in Heimarbeit und vergab Kredite. Außerdem unterstützte Jakob Fugger zum Beispiel auch die Wahl Kaiser Karls V. mit hohen Krediten und mischte so in der damaligen Weltpolitik mit. Kredite gingen auch an Fürsten und Bischöfe, von denen man als Gegenleistung Nutzungsrechte verliehen bekam. Die Medici in Florenz gingen noch etwas weiter: Sie überwanden sämtliche Standesschranken. Ursprünglich waren sie wohl Apotheker gewesen, dann Kaufleute; sie gründeten ein Bankhaus, übernahmen die Regierung der Republik Florenz, wurden Großherzöge, heirateten in Königshäuser ein. Einige Medici wurden auch Bischöfe und Päpste.

2 Der Humanismus

Mit dem Begriff »Renaissance« bezeichnet man allgemein die Epoche, mit dem Begriff »Humanismus« aber deren spezielle Bildungsbewegung, in der die Gelehrten der Zeit für eine Erneuerung und Erweiterung des literarischen Studiums der griechischen und römischen Antike, die *studia humanitatis*, eintraten. Doch war diese Phase des Renaissance-Humanismus nicht einfach eine Fortführung der Antike, sondern vielmehr ein Neuaufbruch mit eigenem Selbstbewusstsein, eigenen Leistungen und neuer Zielsetzung. Mit ihren pädagogischen Ideen wollten die Humanisten die Selbstverwirklichung des Menschen als geistiges und moralisches Wesen erreichen.

Der Humanismus in Italien

Ein sehr früher bedeutender Denker und Dichter der Renaissance war der Italiener Francesco Petrarca (1304–1374), der in Avignon, wo sein Vater zu der Zeit im Exil lebte, aufwuchs. Er verstand die *studia humanitatis* nicht nur als eifrige Suche nach verschollenen Werken der lateinischen Literatur und deren Nachahmung, sondern er wollte auch das in den Werken enthaltene Wissen zur Bildung von Geist und Seele des christlichen Menschen nutzbar machen. Mit seiner Besteigung des Mont Ventoux, die er in einem berühmten Text literarisch verarbeitete, öffnete er den Blick auf die Natur als Landschaft. Besonders wichtig war ihm aber vor allem, dass der Mensch auf sich selbst blickte und sein ganzes Leben lang lernte. Ebenso leidenschaftlich trat er für eine Wiedererweckung des Römischen Reiches und seiner historischen Größe ein. Petrarca war tief religiös und bewunderte den spätantiken Kirchenlehrer Augustinus. Als Dichter in seiner Muttersprache hatte er bezüglich der Echtheit des Gefühls, seiner Erfindungsgabe und der künstlerischen Vollendung seiner Texte in seinem Jahrhundert nicht seinesgleichen. So ging von Petrarca eine starke Wirkung auf die italienischen Humanisten aus, die später wiederum die Denker nördlich der Alpen beeinflussten.

Leonardo Bruni (1370–1444), nach seinem Herkunftsort auch

Aretino genannt, trug zum Entstehen eines neuen Geschichtsbildes wesentlich bei. Die noch bei Petrarca vorherrschende mittelalterliche Sicht des Römischen Reiches als eines von Gott eingesetzten Weltimperiums wird von Bruni verworfen, da das römische Volk als sein Träger nicht mehr bestehe. Das mittelalterliche Kaisertum und der neue Aufstieg Italiens hatten für ihn daher nichts mehr mit dem alten Rom zu tun.

Giovanni Pico della Mirandola (1463–1499) definiert das Menschenbild dieser Zeit. Nach ihm hatte Gott es dem Menschen freigestellt, sich selbst zu bilden. Der Mensch sei weder als himmlisches noch als irdisches Wesen erschaffen worden, sei weder unsterblich noch sterblich und habe folglich die Alternative, entweder ins Tierische abzusinken oder in den göttlichen Bereich aufzusteigen. Die im mittelalterlichen Denken verankerte Gnadenbedürftigkeit des Menschen lehnte er ab und ersetzte sie durch die Idee von der Würde des Menschen. Derartige Ideen stießen bei der Kirche auf schärfste Kritik und wurden vorübergehend als ketzerisch gebrandmarkt. Das Urteil des Ketzertums ereilte viele Humanisten in Italien, da sie die traditionelle Lehre der Kirche angriffen.

Insgesamt waren die Anschauungen der Humanisten nicht nur in Italien sehr uneinheitlich. Einigkeit bestand aber darin, dass der Mensch als fähig angesehen wurde, sich aus eigener Kraft dem vom Humanismus vorgegebenen Bildungsideal anzunähern, und dass die Literatur der Alten, der Antike, dabei eine wesentliche Stütze sein sollte. Diese sollte aber nicht einfach nachgeahmt, sondern weiterentwickelt und übertroffen werden. Die Bildungsbewegung der Renaissance gründete dabei auf dem Glauben an die Kraft der Selbständigkeit des Individuums im Denken und im Handeln, seine Schöpferkraft und den Wert der antiken Weisheit.

Thomas Morus in Großbritannien

Ein wichtiger Vertreter dieses neuen Denkens war auch der Brite Thomas Morus (1478–1535), der leidenschaftlich für einen christlichen Humanismus eintrat. Morus stand treu zur kirchlichen Lehre, kämpfte aber für das Prinzip der Gerechtigkeit und der Vernunft. In seinem Werk *Utopia* schildert er einen Staat, der die Existenz eines jeden Einzelnen zu sichern habe. Seine Form ist die Republik, und in dieser Republik gibt es weder Privateigentum noch Müßiggang. Die von Morus beschriebene Gesellschaft ist damit ein Gegenentwurf zu den christlichen Staaten seiner Zeit und nicht zuletzt als Kritik an den sozialen Verhältnissen in Großbritannien zu verstehen.

Der Humanismus in Frankreich

Der französische Humanist Charles de Bouelles (1479–1567) entwarf im frühen 16. Jahrhundert ein Menschenbild mit einem Stufenmodell aufsteigender Daseinsweisen. Auf der untersten Stufe leben die Faulpelze. Sie existieren wie Steine. Eine Stufe höher lebt der Vielfraß. Er lebt wie eine Pflanze. Dem über ihm stehenden eitlen Geck ist es lediglich vergönnt, wie ein Pferd zu fühlen. Auf der obersten Stufe steht derjenige, der als einziges Wesen wie ein Mensch fühlt und versteht, und das ist der Gelehrte. Diese Stufenfolge zeigt das hohe Selbstbewusstsein des gelehrten Menschen, aber auch die hohe Bedeutung, die der Bildung beigemessen wurde.

Welche Bildungsinhalte im einzelnen vertreten wurden, wird zum Beispiel bei François Rabelais (ca. 1490–1553) deutlich. Er entwarf in seinem 1532 veröffentlichten Roman *Gargantua und Pantagruel* sein humanistisches Bildungsideal. Der Vater Gargantua schreibt seinem in Paris studierenden Sohn Pantagruel einen Brief, in dem er ihm Ratschläge für ein wohlgefälliges und erfolgreiches Leben erteilt. In diesem Brief lässt Rabelais den Vater die Ziele und Ideale eines Humanisten zusammenfassen. Gargantua ermahnt seinen Sohn, seine Tugenden und Kenntnisse fleißig zu vermehren. Da alle Künste und Wissenschaften in der Gegenwart wieder heimisch seien, seien selbst Wegelagerer, Abenteurer und Stallknechte heutzutage gelehrter als er, der Vater, es früher trotz aller Bemühungen sein konnte. Selbst Frauen würden heute nach Gelehrsamkeit trachten. Deshalb fordert er seinen Sohn auf, sich fleißig seinen Studien zu widmen und die Sprachen zu lernen, ebenso sich der Rhetorik, der Geometrie, Arithmetik, Musik und Astronomie zu bemächtigen. Meiden solle er die Astrologie, weil sie Lug und Trug sei. Die Medizin und die anatomischen Studien dürfe er hingegen keinesfalls vernachlässigen. Von Zeit zu Zeit solle er in der Heiligen Schrift lesen. Um seine Kenntnisse zu erproben, solle er mit »gelehrten Geistern Zwiespruch und öffentliche Kontroverse halten«. Damit er aber nicht in der »Büchergelahrtheit« versinke, müsse er sich auch in den ritterlichen Fertigkeiten üben. Der Vater hält auch eine moralische Ausbildung für nötig, denn Wissen ohne Gewissen sei Verderbnis für die Seele. Zu guter Letzt solle der Sohn seine Nächsten unterstützen und vor seinen Lehrmeistern Ehrfurcht haben.

Der Humanismus in Deutschland am Vorabend der Reformation

Wichtige Vertreter des Humanismus in Deutschland waren Konrad Muth (1470–1526), der sich Mutianus Rufus nannte, und Georgius Agricola (1494–1555), die beide aber noch im konservativen klerikalen Denken verhaftet waren. Dem Diesseits, der nichtklerikalen Welt mehr zugewandt war Conrad Celtis (1459–1508). Er widmete sich der Literatur seiner Zeit und machte sich um die Wiederentdeckung verschollener mittelalterlicher deutscher Literaturdenkmäler und Geschichtsquellen verdient. Auch war er als Professor in Wien ein führender Bildungsreformer, der eifrig und in patriotischem Ton für sein Bildungsideal warb. So rief er seine Zeitgenossen dazu auf, sich endlich um die Geschichte der Griechen und Römer zu bemühen. Zugleich war ihm aber auch wichtig, dass man sich mehr um die Kenntnisse über das eigene Land und die großen historischen Taten der Vorfahren kümmern sollte. Nur die Liebe zu den Wissenschaften könne Deutschland aufblühen lassen, so wie es auch in Italien geschehen sei (Quelle 2). Doch blieben manche seiner Bemühungen um eine Bildungsreform und die Wiederentdeckung der alten deutschen Literatur im Ansatz stecken.

Weder ein Gelehrter noch ein Künstler, aber ähnlich »nationalbewusst« wie Celtis war Ulrich von Hutten (1488–1523). Er gelangte durch sein Studium der Rechte in Italien in Kontakt mit der klassischen Literatur, besonders der von Lukian. Dessen Werke dienten ihm als Vorlage für seine reformatorischen Schriften, in denen er sich unter anderem gegen den universalistischen Anspruch Roms und gegen die römische Kurie wandte. Dabei schrieb er sehr häufig auf Deutsch und nicht in Latein, der Sprache der Gelehrten. Als ein treuer Anhänger Luthers nahm er recht streitlustig Partei gegen den Klerus und trat für ein selbstbewusstes Bildungskonzept ein, das sich davon löste. So lobte er etwa Erasmus von Rotterdam, weil dieser durch seine Arbeit die fehlerhafte Deutung der Bibel durch die damalige Theologie aufgedeckt und durchbrochen sowie die Lehren der Bibel durch eine textgenaue Übersetzung klar und verständlich dargelegt habe (Quelle 3).

Sehr kämpferisch sprach sich Johannes Reuchlin (1455–1522) gegen die Vernichtung hebräischer Schriften des mitteleuropäischen Judentums aus, die von Johannes Pfefferkorn, einem zum Christentum konvertierten Juden, und den Kölner Dominikanern im Jahre 1511 gefordert wurde. Als Reuchlin deshalb mit einem Inquisitionsverfahren überzogen wurde, wandte er sich vehement dagegen, unterstützt durch namhafte deutsche Humanisten, darunter auch Hutten. Obwohl Reuchlin kirchentreu war und nicht daran dachte, sich zu Martin Luther zu bekennen, wurde seine Sache von der konservativ-kirchlichen Seite in Zusammenhang mit Luthers Reformationsbestrebungen gestellt. Unterstützer Reuchlins verfassten die sogenannten *Dunkelmännerbriefe*, mit denen sie um das Jahr 1515 mit satirischer Absicht die Befürworter der Vernichtung hebräischer Schriften ins Lächerliche zogen. In den fingierten Briefen, die scheinbar von den Gegnern der Humanisten geschrieben sind, bitten diese teils um Rat, teils drücken sie ihre Solidarität mit Reuchlin aus. Die Briefe sollen dabei als Selbstentlarvung ihrer angeblichen Autoren wirken, die als unwissend, denkfaul, eifernd, orthodox und auf sinnlichen Genuss bedacht dargestellt werden (Quelle 4). Papst Leo X. verbot die weitere Verbreitung der Briefe. Moderat eingestellte Humanisten lobten zwar den Witz des Werkes, kritisierten aber die dadurch beförderte Polarisierung der Parteien. Auch Luther wandte sich gegen diese Briefe, da ihm die antirömische Kritik nicht ernsthaft genug war.

In den Streit um die Reformation hineingezogen wurden auch Erasmus von Rotterdam und Philipp Melanchthon. Erasmus war ein großer Gelehrter und sah sich als Kosmopolit. Er hatte einen großen Bekanntenkreis, mit dem er sich fast ausschließlich auf Lateinisch und Griechisch austauschte, und war unter anderem auch mit Thomas Morus eng befreundet. Erasmus wurde wahrscheinlich 1466 in Rotterdam geboren und starb 1536 in Basel. Zunächst war er Mönch, trat dann aber aus dem Kloster aus und studierte in Paris, was für sein Lebenswerk bestimmend sein sollte. Worauf es ihm als einem Christen und Theologen ankam, war christliche Frömmigkeit und

Vernunft. Wichtiger als die Dogmatik war ihm die Tugend der Nächstenliebe sowie absolute Friedfertigkeit und Toleranz, wobei er sich auf die Seligpreisung der Friedfertigen in der Bergpredigt berief. 1517 versuchte er in einem Schreiben, die Fürsten, Theologen und andere Würdenträger zum Frieden aufzurufen. Im Gegensatz zu Luther war Erasmus jedoch kein politischer Streiter.

Noch vor Luther kritisierte Erasmus Papst Julius II. in einem satirischen Dialog. In dem Gespräch, das er den Papst mit Petrus vor der Himmelstür führen lässt, wird das weltliche und kriegerische Regiment des Papstes getadelt. Ein weiteres wichtiges Anliegen war es ihm, dass Christen die reinen Quellen des Glaubens durch den unverfälschten Urtext des Evangeliums erfahren konnten. Da das Neue Testament nur in der Fassung der sogenannten »Vulgata« vorlag, die durch ein fehlerhaftes Latein und zahlreiche Überlieferungsfehler entstellt war, fertigte Erasmus eine textkritische Ausgabe des griechischen Originals und einer bereinigten lateinischen Übersetzung an, die 1516 erstmals erschien. Diese Ausgabe war zugleich eine wesentliche Voraussetzung für Luthers Bibelübersetzung. Während der Reformation wurde er von beiden Religionsparteien wegen seiner ambivalenten Grundhaltung angegriffen. Da er sich zwischen der alten Kirche und der Reformation Luthers zerrieben fühlte und seine geistige Unabhängigkeit wahren wollte, entwich er 1521 nach Basel. Als dann 1529 auch Basel sich der Reformation anschloss, ging er ins katholische Freiburg, wo er Professor an der dortigen Universität wurde. Auch wenn er letztendlich nicht mit der alten Kirche brechen wollte, wirkte seine Lehre bei Zwingli, bei den lutherischen Protestanten, in der anglikanischen Kirche und auch im Puritanismus fort.

Philipp Melanchthon gilt als »Lehrer Deutschlands«. Geboren 1497 in Bretten (Baden), gestorben 1560 in Wittenberg, war er ein Wegbegleiter Luthers und der Reformation. Er reformierte das Bildungssystem an der Universität Wittenberg, war Professor für die griechische Sprache, verfasste eine erste Zusammenfassung von Luthers Rechtfertigungslehre und ebnete der Reformation durch seine vermittelnden Formulierungen den Weg. Doch war er Luther gegenüber auch ein eigenständiger Denker.

Auf das Wirken von Melanchthon und Erasmus und auf ihr Verhältnis zueinander und zu Luther wird nun noch genauer im Kapitel über die Reformation eingegangen.

3 Die Reformation

Die Vorgeschichte

Die Notwendigkeit von Kirchenreformen bestand schon im Mittelalter. Bereits seit dem 10. Jahrhundert wurde ausgehend vom Kloster im französischen Cluny eine große Reform der Kirche durchgeführt. Im Investiturstreit mit Kaiser Heinrich IV., in dem es darum ging, wem das Recht zukam, die kirchlichen Amtsträger einzusetzen, führte das neue Selbstverständnis der Kirche auch zu Konflikten mit dem weltlichen Regiment. Ab dem 14. Jahrhundert sah man dann verstärkt die Notwendigkeit einer erneuten Kirchenreform. Zentrum dieser Reformbewegung waren Theologen der Pariser Universität. Sie reagierten auf den als Reaktion auf eine Pestwelle gestiegenen religiösen Fanatismus und die Schwäche der Päpste, die der Kirche nicht genügend Führung geben konnten. Nachdem ein von Kardinälen 1409 nach Pisa einberufenes Konzil gescheitert war, ergriff Kaiser Sigismund (1410–1437) die Initiative und berief das Konzil nach Konstanz (1414–1418) ein. Es hatte drei Aufgaben zu lösen: zunächst die Beseitigung der Kirchenspaltung, die sich äußerlich schon daran zeigte, dass drei von jeweils anderen Parteiungen gewählte Päpste miteinander konkurrierten; dann die Reform der kirchlichen Zustände nicht nur am »Haupt«, sondern auch an den »Gliedern«; schließlich das Vorgehen gegen die Ketzerei, das heißt konkret das Verbot der Lehre des böhmischen Theologieprofessors Johannes (oder Jan) Hus (ca. 1369–1415).

Hus forderte außer einer moderneren Kirchenstruktur, deren einziges Haupt Jesus sein sollte, unter anderem die Abschaffung der Ohrenbeichte sowie des Ablasses und wandte sich gegen die Verweltlichung der Kirche und gegen einige Dogmen (Quelle 5). Er berief sich dabei auch auf John Wyclif (ca. 1320–1384), der in Großbritannien als Theologieprofessor wirkte und sehr bald auf Distanz zum Papsttum ging. Wyclifs Reformen hatten rasch viele Anhänger gefunden, doch war seine Lehre mit knapper Mehrheit von einer Kommission an der Universität Oxford verworfen worden. Er war der Meinung, dass allein die Heilige Schrift für die Kirche bestimmend sein sollte, und übersetzte deshalb 1383 die Bibel ins Englische. Außerdem übte er Kritik an der kirchlichen Hierarchie und lehnte – wie später Hus – die Ohrenbeichte ab. Und schließlich sprach er sich gegen die Transsubstantiationslehre aus, also die Vorstellung, dass Jesus beim Abendmahl in der geweihten Hostie leiblich anwesend sei.

In Konstanz wurden das erste und das dritte Problem relativ schnell gelöst: Die drei Päpste wurden abgesetzt, und mit Martin V. wurde ein neuer gewählt. Hus wurde trotz der Zusicherung des freien Geleits der Prozess gemacht, der 1415 mit seinem Tod auf dem Scheiterhaufen endete. Zugleich wurde auch Wyclif nachträglich als Ketzer verurteilt, und seine Gebeine wurden verbrannt. Die Reform der Kirche blieb in Konstanz jedoch in ihren Ansätzen stecken, da ihr eine starke geistliche Stoßkraft fehlte, und sollte daher im Konzil zu Basel wieder aufgenommen werden, das zwischen 1431 und 1449 stattfand.

Doch scheiterten die angestrebten Reformen an der Reaktion des mittlerweile amtierenden Papstes Eugen IV. Mit Nikolaus V. (1447–1455) gelangte schließlich ein sehr weltlich und humanistisch gesinnter Mann auf den Stuhl Petri. Mit ihm gelang der Durchbruch des Humanismus in Rom, aber an eine Kirchenreform war jetzt nicht mehr zu denken. Unter seinen Nachfolgern setzte eine wachsende Verweltlichung der Kirche ein, deren Prachtentfaltung im Stil der Renaissance allein auf das Weltliche ausgerichtet war. Dieser Verfall des Papsttums fand seinen Höhepunkt unter Alexander VI. (1492–1503). Eine stärkere Wirkung als die Reformversuche der Konzilien erreichten Reformschriften, die teilweise auch anonym verfasst und in mehreren Drucken Ende des 15. Jahrhunderts verbreitet wurden. In ihnen fanden sich nicht nur Forderungen nach einer Reformation der Kirche, sondern auch nach der Reform der Gesellschaft und der Rechtsordnung.

Von 1492 bis 1517 kam es zu lokalen Bauernrevolten, insbesondere in Südwestdeutschland, die als Bundschuhkriege bekannt wurden und ihrerseits in den großen Bauernkrieg von 1525 (s. S. 61 ff.) mündeten. Diese Entwicklungen wurden durch einschneidende Ereignisse und Krisen begünstigt. Die Pestepidemien des 14. und 15. Jahrhunderts bedeuteten mit ihrem Massensterben eine schwere Verunsicherung für die Menschen, und eine Klimaverschlechterung, die sogenannte »Kleine Eiszeit«, führte zu Missernten und Hungersnöten. Da die dichtbesiedelten Städte von den Bevölkerungsverlusten am stärksten betroffen waren, kam es zu Absatzkrisen und einem Preisverfall im Getreideanbau, dem wirtschaftlich bedeutendsten Produktionsbereich in dieser Zeit. Andererseits kam es aber auch zu Vermögenskonzentrationen sowie Preis- und Lohnsteigerungen in der städtischen Wirtschaft. Wirtschaftliche Konkurrenz und soziale Konflikte, ein Nebeneinander von gesellschaftlichem Aufstieg und drohendem Abstieg waren die

Folge, und dies führte wiederholt auch zu Unruhen. Da die Einkommen der von der Agrarproduktion lebenden Stände, einschließlich Adel und Klerus, bedroht waren oder gar sanken, versuchte der Adel vielfach die Feudalabgaben zu erhöhen, und die Mitglieder des Klerus versuchten, die mit ihrem Amt verbundenen Einkünfte (Pfründe) zu vermehren. Diese Entwicklungen führten zu schweren gesellschaftlichen Erschütterungen und auch zu einer zunehmenden Kritik am Klerus. In vielen Städten nördlich der Alpen kam es jetzt häufig zu sogenannten Zunftkämpfen, in deren Verlauf die Zünfte die hochadeligen Stadtherren verjagten und das städtische Patriziat (die niederen Adligen und die Großkaufleute) das Stadtregiment übernahm. Die Pestepidemien, Hunger und immerwährende Kriege waren die drei Geißeln dieser Zeit.

Die Bevölkerungsentwicklung veränderte sich damals dramatisch: Gab es um 1000 n. Chr. in Europa geschätzt etwa 12 Millionen Einwohner, so stieg die Einwohnerzahl bis etwa 1340 um das Dreifache auf ca. 36 Millionen. In den folgenden hundert Jahren sank sie wiederum um ein Drittel auf nunmehr 23 Millionen Menschen (um 1450), um danach langsam wieder anzuwachsen. Der wachsenden Unsicherheit und Unzufriedenheit und den Ängsten, die durch die Pestepidemien und Hungersnöte ausgelöst wurden, entsprach auch die Volksfrömmigkeit. Sie war geprägt von einer Zunahme des Aberglaubens und magischer Kulte, von Heilsangst und dem Bedürfnis nach seelsorgerischem Beistand, aber auch von einer Gier nach Lebensfreude und Verschwendung. Die Menschen hatten das Empfinden, dass ihr Seelenheil nicht mehr allein durch die traditionellen Formen der Frömmigkeit und der Glaubensausübung erreichbar war. So gewann die im Mittelalter aufgekommene Marienverehrung verstärkt an Bedeutung.

Daneben wurden auch viele neue Heilige wie etwa die Heilige Anna, die Mutter Marias, verehrt, die zum Teil sogar Jesus und Maria als Fürsprecher in den Hintergrund zu drängen schienen. Im 15. Jahrhundert war besonders der Kult der »vierzehn Nothelfer« im Volk weit verbreitet, in dem mehrere Heilige, die gegen Unfälle und Krankheiten helfen sollten, zusammengefasst waren. Selbst Tiere bekamen Schutzheilige zugesprochen, die Pferde zum Beispiel hatten den Heiligen Georg, die Schafe die Heilige Genoveva. Der aus dem Mittelalter stammende Reliquienkult wurde mit derselben Inbrunst weitergeführt. So bemerkte der Reformator Calvin nicht ohne Ironie, dass die Heilige Anna wohl drei Köpfe gehabt haben müsse: Der eine war als Reliquie in Trier, ein weiterer in Düren und ein dritter in Annaberg, wobei der in Düren der echteste und berühmteste sei. Auch Luther verspottete diese Sucht, Knochen und andere Überreste als Reliquien zu sammeln.

Außerdem wurden weiterhin Wallfahrten zu immer zahlreicheren Orten unternommen, die durch Visionen auch ganz einfacher Leute bekannt geworden waren. Mit dem Besuch des Wallfahrtsortes war häufig ein Ablass verbunden, durch den sich die Gläubigen von Strafen, die sie im Jenseits für ihre Sünden erwarteten, erlösen konnten. Oft konnte ein solcher Ablass aber auch durch eine Geldsumme erworben werden. Der religiösen Erbauung diente auch die christliche Volksliteratur (Predigten, Gebete, Sprüche, Heiligenlegenden), die nicht nur privat gelesen, sondern auch vorgelesen wurde.

In Florenz rief der Mönch und charismatische Prediger Girolamo Savonarola (1452–1498) den Klerus und die Laien zur Buße auf und griff die Kirche für ihren Prunk und ihr zügelloses Treiben scharf an. In einer seiner feurigen Reden, die ihn 1498 schließlich wegen »Ketzerei« auf den Scheiterhaufen brachten, brandmarkte er 1493 die Unfähigkeit bzw. den Unwillen der Geistlichen, den Gläubigen das Wort Gottes unverfälscht zu verkünden.

Um Vergebung der Sünden flehten auch die Geißler, eine

Bewegung von Eiferern, die sich als Buße für ihre Sünden in Erinnerung an die Geißelung Jesu selbst körperliche Schmerzen zufügten. Dies hatte auf viele Menschen eine eindrückliche Wirkung, die sich der Vergebung ihrer Sünden durch Gott nicht sicher waren und hierin in der Kirche und deren Lehre und Handeln keinen Halt mehr fanden. Die Kirche schien den Kontakt zu den Bedürfnissen vieler Menschen verloren zu haben und nur noch am Erhalt ihrer Macht interessiert zu sein, die sie auch gegen die Gläubigen einsetzte. Auch der Papst betrachtete den Kirchenstaat vor allem als Herrschaftsgebiet und kämpfte um seine Vormachtstellung gegenüber den weltlichen Herrschern.

Dem Anspruch der Kirche, die einzige und wahre Form von Frömmigkeit zu sein und allein den Weg zur Erlösung ermöglichen zu können, standen die Vorwürfe von unzufriedenen Gläubigen entgegen. Diese bezogen sich vor allem auf ihr Versagen in der Seelsorge sowie den Missbrauch des Ablasshandels und einiger Sakramente (zum Beispiel die Käuflichkeit des Priester- und Bischofsamtes und die Vergebung von Sünden ohne Buße). Die Ämterkäuflichkeit (Simonie) erklärt sich dabei auch dadurch, dass mit den Ämtern oft politische Macht verbunden war; die Bischöfe zählten als »Fürstbischöfe« seit dem frühen Mittelalter teilweise zu den Reichsfürsten. Andere Geistliche wollten mit ihrem Amt nur materiell versorgt sein und zahlten für dessen Kauf teilweise hohe Summen.

Wie schon erwähnt, hatte Erasmus von Rotterdam (s. S. 36) 1516 das Neue Testament in Latein und Griechisch herausgegeben – die erste textkritische Ausgabe, die zur Grundlage für Luthers Übersetzung der Bibel ins Deutsche wurde. In einer der Vorreden zu dieser Ausgabe geht Erasmus unter der Überschrift »Kritik an der Bevormundung von Laien« (Quelle 6) auf die große, gedankenlose oder gar arrogante Distanz des Klerus und seiner Lehre zum Kirchenvolk ein. So plädiert er dafür, dass auch Laien das Evangelium lesen können sollten, und vertritt die Ansicht, dass die Seelsorge der Priester und ihre Verkündigung der christlichen Lehre als besonders wichtig für das Heil der Laien anzusehen sei. In dieser Vorrede werden die Eckpunkte der Reformation in ihren Konturen bereits deutlich. Erasmus gilt zwar als Vordenker und Initiator der Reformationsbewegung in Deutschland, doch die von ihm ausgehende Bewegung blieb, trotz vieler Berührungspunkte mit Luther, nur auf den Bereich von Wissenschaft und Bildung beschränkt und fand keine Anhänger im Volk.

Die Reformunfähigkeit der Kirche führte zur Spaltung in einen großen Flügel konservativer Kräfte, der seine Macht über die Gläubigen mit allen Mitteln erhalten wollte, sehr diesseitsbezogen war und die Probleme und Bedürfnisse vieler Gläubigen nicht sehen wollte, und einen reformatorischen Flügel, der die Sorgen und Glaubensnöte der Menschen zwar erkannte, der aber trotzdem nicht bis zum »einfachen Volk« vordringen konnte oder wollte. Die sozialen und wirtschaftlichen Nöte vieler einfacher Menschen wurden, abgesehen von vereinzelten Reformschriften, von keiner der beiden Gruppierungen erkannt.

In dieser angespannten Zeit bedurfte es nur noch eines Reformers, der prägnante reformatorische Inhalte vermitteln und nicht nur die Theologen, sondern auch die »kleinen Leute« erreichen konnte, um die alten Gewalten der Kirche und der weltlichen Herrschaft nachhaltig zu schwächen.

Beginn der Reformation

Martin Luthers Vorfahren waren Bauern in Thüringen und lebten in bescheidenem Wohlstand. Martins Vater stieg vom einfachen Bergbauern durch die Pacht kleiner Hüttenwerke und durch die Beteiligung an Genossenschaften, die Kupfererz abbauten, zu bescheidenem Wohlstand und Ansehen in seiner Heimatgemeinde auf. Martin Luther (1483–1546) wuchs in einer traditionellen kirchlichen Frömmigkeit und mit den volkstümlichen abergläubischen Vorstellungen der Bauern und Bergleute auf. Nachdem der Vater ihn auf Schulen geschickt hatte, die ihn auf das Studium vorbereiten sollten, begann Martin 1501 sein Grundstudium in Erfurt mit logischen, sprachlichen und philosophischen Studien. Dem Willen des Vaters folgend begann er danach ein Jura-Studium, das er jedoch infolge eines Gelübdes – er war in ein starkes Gewitter gekommen und hatte in Todesangst der Heiligen Anna gelobt, Mönch zu werden – abbrach. Dieses Erlebnis höchster Angst hielt er für ein göttliches Zeichen, dass er sein Leben dem Dienst an Gott widmen sollte. Zwei Wochen nach dem Gewitter im Juli 1505 trat er in das Kloster der Augustiner-Eremiten ein, und 1507 wurde er zum Priester geweiht. Erst danach begann er das eigentliche Theologiestudium.

Daneben übernahm er einen Lehrauftrag in Theologie an der 1502 von Kurfürst Friedrich III. »dem Weisen« gegründeten Universität Wittenberg und unterrichtete auch seine studierenden Klosterbrüder. Nach der Promotion wurde er 1512 als Professor für Bibelkunde an die Universität Wittenberg berufen. Unter den vielen Verpflichtungen – unter anderem predigte er täglich im Kloster und in der Stadtkirche – nahm die Professur den Hauptteil seiner Zeit ein. Durch seine asketische Lebensform als Mönch wollte er, streng nach den Geboten der Kirche, die Forderung nach Heiligung seines Lebens erfüllen. Als er im Auftrag seines Ordens in Rom weilte, beobachtete er die Verdorbenheit der Kurie, zweifelte aber noch nicht an der Autorität der Kirche. Doch die Versprechungen der Ablässe konnten seine Angst vor den Folgen der Sünden nicht verringern. In quälendem Ringen gegen Anfechtungen und Angst vor Sündenstrafen definierte Luther das Verhältnis des sündigen Menschen zur Gerechtigkeit und Gnade Gottes neu. Diese Gerechtigkeit und Gnade wird nach seiner Meinung vom Menschen nicht durch gute Werke und Ablässe erworben, sondern der Gläubige wird allein durch die Gnade Gottes, aus seinem Erbarmen als einem Geschenk an die Glaubenden, erlöst. Diese Erkenntnis, dass nicht der Mensch durch seine Taten, sondern allein Gottes Erbarmen und vergebende Gnade den Menschen erlöse, ist der zentrale Inhalt seines Glaubens. So war für Luther der Kampf gegen die Lehre, dass der Mensch sich durch Werke und Ablässe selbst erlösen könne, das zentrale Thema seines Reformgedankens.

Luther wandte sich in seinen berühmten 95 Thesen, die er am 31. Oktober 1517 in Wittenberg vorstellte und die den Beginn der Reformation markieren, nicht nur gegen den Ablasshandel, sondern auch gegen das strafende Bußwesen der Kirche (Quelle 7). Die in dem Textauszug angeführten Thesen zeigen nicht nur die neue Bußlehre Luthers, sondern machen auch deutlich, dass diese sich vehement gegen die bisherige Lehre und auch gegen das Selbstverständnis der Kirche wandte. Dieses Selbstverständnis wurde durch Luthers Thesen in seinen Grundfesten erschüttert, denn sie stellten die Macht der Kirche, die Amtsführung des Papstes und des Klerus und die kirchenamtliche Interpretation der Heilslehre (zum Beispiel in Bezug auf das Ablasswesen) in Frage. Um die Kontroversen zu diskutieren, bat Luther um einen theologischen Disput, der ihm jedoch offiziell nicht gewährt wurde, da seine Kritik zu grundlegend war.

Ausgehend von dieser Kritik entwickelte Luther seine Theologie weiter. Die wesentlichen Unterschiede zwischen den bisherigen Standpunkten der Kirche und der reformatorischen Theologie sollen im folgenden dargestellt werden:

Dem Standpunkt der Kirche, dass allein ihre Lehre zum ewigen Heil führe, setzt Luther das Evangelium und den Glauben der Menschen entgegen. Was man für sein Seelenheil tun konnte, war bisher klar: Man musste an die Lehre der Kirche glauben, die Gnade erhoffen, gute Werke tun und den Ablass erwerben (durch eine von der Kirche dafür festgelegte Handlung oder durch Geld). Für Luther dagegen galt, dass man an die Gnade Gottes und an die Erlösung durch ihn glauben müsse. Um zum Glauben an Gott zu kommen, musste man nach Meinung der Kirche an ihre Lehre glauben, für Luther dagegen war dies allein durch die Heilige Schrift möglich. Dem Gläubigen spendet die Kirche hauptsächlich die Sakramente, Luther dagegen möchte die Verkündigung des heiligen Wortes ins Zentrum rücken. Nach der Lehre der Kirche standen die Menschen allein durch sie, ihre Amtsträger und die Fürbitte der Heiligen in einem Verhältnis zu Gott. Nach Luther sind vor Gott alle Menschen gleich und stehen Gott unmittelbar, ohne Vermittler, gegenüber.

Die 95 Thesen waren also nicht nur eine neue theologische Interpretation, sondern auch ein Angriff auf die damals übliche kirchliche Hierarchie. Ebenso stellten sie die Autorität und Kompetenz der geistlichen und weltlichen Obrigkeit in Frage, denn der Gläubige, der sich der Reformation zuwandte, erkannte jetzt, dass er keinen Klerus über sich brauchte, dass die offizielle Lehre der Kirche falsch oder zumindest strittig war und dass man von den Kirchenoberen die ganze Zeit über getäuscht worden war.

Die Kritik Luthers am Ablasswesen war nicht zuletzt auch ein Angriff auf die finanziellen Einkünfte des Papstes und der Bischöfe, die mit den Einnahmen aus dem Ablasshandel den Prunk ihrer Lebensführung, ihre Bautätigkeit (zum Beispiel wurde mit Ablassgeldern auch der heutige Petersdom in Rom gebaut) und andere Unternehmungen finanzierten. Ein berüchtigtes Beispiel hierfür ist der Erzbischof Albrecht von Brandenburg, der auch Erzbischof von Mainz und damit gleichzeitig Kurfürst werden wollte. Dies kostete viel Geld, das nun durch den Ablasshandel aufgebracht werden sollte. Albrecht und Papst Leo X. schlossen einen Pakt: Albrecht lieh sich Geld bei den Fuggern, das der Papst für den Bau des Petersdoms bekam. Dafür erhielt Albrecht vom Papst das Recht, die sogenannten »Petersablässe« in seinen Diözesen an die vielen Gläubigen zu verkaufen, die um ihr Seelenheil fürchteten. Ein Teil dieser Einnahmen ging an den Papst, mit dem anderen konnte Albrecht seine Schulden bei den Fuggern tilgen. Die Käufer des Ablassbriefes bekamen durch den apostolischen Brief die Absolution versprochen und damit, nach Meinung der Kirche, ihre Sünden getilgt (Quelle 8). So predigte der Dominikanermönch Johann Tetzel in unmittelbarer Nachbarschaft Luthers über Buße und verkaufte dazu die Ablassbriefe. Mancher aus der Gemeinde, in der Luther Seelsorger war, ging wohl lieber zu Tetzel und seinen Kollegen, um für die Vergebung der Sünden einen bequemeren Weg beschreiten zu können.

In einer Ständegesellschaft, in der sehr viele Bauern Leibeigene und mit hohen Abgaben an ihre Herren und die Kirche belastet waren und in der ein gebildetes und durch wirtschaftliche Erfolge vermögend gewordenes Bürgertum gegenüber dem Adel mehr Selbstbestimmung und Einfluss forderte, barg das reformatorische Denken auch sozialen Sprengstoff. Die Reformation stieß außerdem eine Bildungsinitiative an. So rief Luther, nachdem er die von Erasmus herausgegebene Bibel ins Deutsche übersetzt hatte, die Obrigkeit zur Gründung von Schulen auf, damit auch die vielen Menschen, die Analphabeten waren, sie lesen konnten.

Bei den Mächtigen der Kirche machte sich Luther mit seinem Wirken keine Freunde. Schon im Frühjahr 1518 leitete Rom eine Voruntersuchung zu einem Ketzerprozess gegen ihn ein. Damit beauftragt wurde Magister Silvester von Prierio, der theologischer Berater des Papstes Leo X. war. Um die Thesen Luthers zu prüfen, stellte Prierio »Grundsätze« auf. Diese Grundsätze sahen so aus, dass er alle Lehren, die Luther angegriffen hatte, für richtig erklärte, weil sie von den Päpsten und der Kirche so gelehrt wurden. Wer gegen diese Lehren der Kirche verstieß, war demnach ein Ketzer. Diese Einstellung führte natürlich nicht zu einer vorurteilsfreien innerkirchlichen Diskussion der Reformansätze Luthers.

Der Streit um die richtige Lehre

Während und nach den Turbulenzen der Wahl des Nachfolgers von Kaiser Maximilian I. im Jahr 1519, bei der sich schließlich dessen Enkel Karl V. (1519–1556), unter anderem mit der Hilfe Fuggers, bei den Kurfürsten durchgesetzt hatte, fanden die theologischen Dispute zwischen Vertretern der Kirche und Martin Luther statt. Dabei wandte sich Luther immer stärker von der Kirche und dem Papsttum ab, zumal er sich unter der Kirche keine fest strukturierte Institution vorstellte, sondern eher eine nur wenig institutionalisierte Gemeinschaft der Gläubigen. Unter den Anhängern Luthers waren Vertreter der unterschiedlichen Richtungen der Humanisten, Anhänger von Erasmus von Rotterdam, von Reuchlin, von Melanchthon und von Ulrich von Hutten. Für die Reformation hatten diese Humanisten dennoch keine besonders große Bedeutung, da die humanistischen Denkschulen nicht nur untereinander, sondern auch zu Luther Differenzen hatten. Über den Gegner war man sich zwar im wesentlichen einig, nicht aber über die Art und Weise des Vorgehens und die inhaltlichen Ziele. So wandte sich Erasmus zum Beispiel weniger gegen die Kirche als gegen Luther. Für ihn war die Diskussion über die Richtigkeit der Reformlehre ein Disput unter Gelehrten, während Luther und Hutten die Reformation für eine prinzipielle Angelegenheit aller Gläubigen hielten, aus der man auch die entsprechenden Konsequenzen ziehen, also sich eben auch von Rom abwenden musste. Hutten schloss sich Luther begeistert an, da er, wie schon erwähnt, voller Inbrunst gegen den Universalitätsanspruch Roms kämpfte. Die meisten seiner Schriften fasste er in der deutschen Volkssprache ab und dachte somit ähnlich volkstümlich wie Luther. Auch Melanchthon und seine Anhänger waren sich mit Luther in vielem einig. Doch versuchte Melanchthon im Gegensatz zu Luther und Hutten weniger unnachgiebig aufzutreten und einen versöhnlichen Weg einzuschlagen.

1520 veröffentlichte Luther drei Programmschriften. In der ersten Schrift *An den christlichen Adel deutscher Nation. Von des christlichen Standes Besserung* schreibt Luther unter anderem: »Denn alle Christen sind wahrhaft geistlichen Standes, und ist unter ihnen kein Unterschied denn des Amtes halben allein, wie Paulus, 1. Korinther 12,12, sagt, dass wir allesamt ein Körper sind, doch ein jeglich Glied sein eigen Werk hat, womit es anderen dienet …« In seiner Schrift *Von der babylonischen Gefangenschaft der Kirche* führt Luther aus, dass der Wert des Gottesdienstes nur im Beten und Glauben liege und dass es außer der Taufe, der Buße und dem Abendmahl keine weiteren Sakramente geben solle. In der im Ton milderen Schrift *Von der Freiheit eines Christenmenschen* stehen zwei scheinbar gegensätzliche Thesen im Vordergrund: »Der Christenmensch ist ein freier Herr aller Dinge und niemandem untertan«, und »Der Christenmensch ist ein dienstbarer Knecht und allen untertan« – während der Christ im Glauben über alle menschlichen Satzungen erhaben ist, ist er in der Liebe allen Menschen zu dienen verpflichtet.

Ende des Jahres 1520 erreichte Luther die päpstliche Bannbulle. Ihm war damit untersagt, seine Lehre weiterhin zu vertreten. Als weitere Konsequenz wurden die Geistlichen und die weltliche Obrigkeit, inklusive der Magistrate der Reichsstädte, aufgefordert, seine Schriften öffentlich zu verbrennen.

Als Reaktion auf diese Aufforderung verbrannte Luther publikumswirksam die päpstliche Bulle. Viele Städte weigerten sich, die vom Papst angeordnete Verbrennung der Schriften durchzuführen. Was anderen Reformern und Reformen nicht gelungen war, war nun Luther geglückt: Die Lehre eines einzigen Menschen hatte die ganze »teutsche Nation«, den Klerus, den Adel, humanistische Gelehrte, Großbürger, Bürger und Bauern in Aufregung versetzt. Sie war ein Politikum.

1521 wurde Luther trotz des Bannes auf den Reichstag nach Worms eingeladen, wo er vor dem jungen Kaiser Karl V. seine Lehre widerrufen sollte. Bekanntlich geschah das nicht. In seiner Rechtfertigung berief sich Luther am 18. April 1521 auf die Heilige Schrift als Legitimation seiner Reform. Seine Lehre müsse er aus Gewissensgründen vertreten, und Gegenargumente könne er nur akzeptieren, wenn sie aus der Bibel begründet würden (Quelle 9). Am darauffolgenden Tag verwies Kaiser Karl in seiner Erklärung auf den von den Vorfahren ererbten Glauben als Legitimation für seine ablehnende Haltung. Die Traditionen des Glaubens müssten aufrechterhalten werden, und außerdem ergebe sich die Richtigkeit der alten Lehre schon aus der Tatsache, dass sich die gesamte Christenheit nicht die ganze Zeit über geirrt haben konnte; nur der Einzelne irre, wenn er sich gegen die Glaubensinhalte aller anderen wende (Quelle 10). Nach diesen gegensätzlichen Stellungnahmen war weder eine »sachliche Diskussion« möglich noch war Luther bereit, seinen Standpunkt aufzugeben.

Luthers Landesherr, Kurfürst Friedrich III. von Sachsen, genannt »der Weise« (1463–1525), ließ Luther gleich, nachdem er sich geweigert hatte zu widerrufen, auf die Wartburg in Sicherheit bringen. Kurze Zeit später ließ der Kaiser Luther durch ein Edikt des Reichstages unter »Reichsacht« stellen und ihn damit für »vogelfrei« erklären. Luther war damit auch durch die weltliche Macht als Ketzer geächtet. Auf der Wartburg übersetzte er nun inkognito als Junker Jörg die Bibel ins Deutsche, während Friedrich sein Auftreten als Schutzherr Luthers dazu nutzte, die Macht der Reichsstände gegenüber dem Kaiser zu stärken.

In scharfen Stellungnahmen wurde nun um die richtige Lehre gestritten. Erasmus von Rotterdam vermisste in Luthers Lehre den freien Willen des Menschen. Doch Luther war kein Humanist. Seine Haltung, dass die Fähigkeit des Menschen zum verantwortungsbewussten sittlichen Handeln allein von der göttlichen Gnade abhänge, stellte eine Kritik der Humanisten dar. Erasmus gefielen auch die harschen Worte Luthers nicht; er war der Ansicht, dass die »gewalttätigen« Schriften Luthers seinem »nicht unberechtigten Anliegen« hinderlich seien, und fürchtete, dass dadurch das ganze Reformanliegen ins Gegenteil verkehrt würde. Doch Luther scherte sich nicht um die mäßigenden Worte von Erasmus, sondern wetterte gegen ihn. Er war der Überzeugung, dass eine mäßigende Stellungnahme gegenüber dem Papst und seinem Klerus nur den Eindruck erwecke, dass man vor ihnen zittere und sie nicht zu tadeln wage. Allmählich wurden die Unterschiede zwischen Erasmus und Luther damit deutlicher. Entgegen der kompromisslosen Haltung Luthers beschwor Erasmus die Erhaltung des Friedens zwischen den beiden gegnerischen Lagern. Der Einzige, der hier vermitteln und die kirchliche Einheit zumindest anfangs noch erhalten wollte, war Melanchthon.

In der Nachfolge Luthers: Zwingli und Calvin

Bevor es um die politischen und sozialen Folgen der Reformation in Deutschland gehen wird, sollen noch zwei weitere Reformatoren vorgestellt werden, die eine von Luther abweichende Linie vertreten haben und deren Lehren auch heute noch, und nicht nur in Europa, bedeutend sind: Zwingli und Calvin.

Huldrych (Ulrich) Zwingli (1484–1531) wurde von den Gedanken des Erasmus von Rotterdam stark beeinflusst. Er hatte sich eine umfangreiche humanistische Bildung erworben und danach Theologie studiert. Zwar schloss er sein Studium nicht ganz ab, wurde aber dennoch vom Bischof von Konstanz zum Priester geweiht. Danach versah er eine Pfarrstelle in Glarus in der Nordschweiz – gewissenhaft, aber ohne innere Hingabe. Nach einigen Jahren wurde er dann an das Großmünsterstift nach Zürich berufen. In dieser Zeit entwickelte Zwingli seine pazifistische Grundhaltung, predigte gegen den Kriegsdienst vieler seiner Landsleute, die sich damals, um materieller Not zu entfliehen, als Söldner überall in Europa verdingten, und übernahm von Erasmus dessen christlichen Humanismus. Seine Reformationsbewegung, zu der er durch den Einfluss von Erasmus gebracht wurde, entstand nicht wie bei Luther aus einem persönlichen Ringen um Glaubenswahrheiten. Er distanzierte sich vielmehr von Luther und führte die Abspaltung von der Römischen Kirche eher unspektakulär, aber konsequent durch. In Diensten der Züricher Stadtverwaltung entwickelte er seine neue Theologie. Bildwerke und Musik wurden aus den Kirchen verbannt, der Gottesdienst wurde auf die Predigt konzentriert, Klöster wurden aufgelöst und die religiöse Sekte der Wiedertäufer bekämpft. Über die Abendmahlslehre geriet er gar mit Luther in Streit: Während Luther von der Anwesenheit Christi beim Abendmahl ausging, sah Zwingli im Abendmahl in erster Linie einen symbolischen Akt. Einige Nachbarkantone schlossen sich der Reformation Zwinglis an, jedoch nicht die drei katholischen Urkantone, die sich gewaltsam dagegen zur Wehr setzten.

Calvins Reformationsbewegung war stärker von Luther geprägt. Johannes Calvin (geboren 1509 in Nordfrankreich, gestorben 1564 in Genf) kam als Humanist mit der Reformation in Berührung und hielt ebenso wie sein Vorbild Luther Distanz zu Erasmus. In der Lehre und Ordnung der Kirche hatte für Calvin nur das Bestand, was sich auf die Heilige Schrift gründete. Alles andere – wie die Messe, das Zölibat, das Fasten, die Heiligenverehrung, die Wallfahrten etc. – sollte dagegen, wie auch die anderen Reformatoren meinten, verschwinden. In der Deutung des Abendmahls und in der Prädestinationslehre (göttliche Vorherbestimmung des Menschen) wich er von Luthers Lehre ab. Auch in ihrem Verhältnis zur weltlichen Obrigkeit unterschieden sich die beiden Reformatoren: Calvin baute seine Gemeinden so auf, dass sie unabhängig von der Obrigkeit oder sogar gegen die Obrigkeit bestehen konnten.

In der von ihm konzipierten Kirchenordnung predigten die Pastoren und spendeten die Sakramente. Zusammen mit den Ältesten kontrollierten sie die Disziplin der Gemeindemitglieder. Dieses Gremium, das als »Konsistorium« bezeichnet wurde, war sehr streng und mächtig. Die Theologen (die »Doktoren« mit abgeschlossenem Theologiestudium) überwachten mit den Pastoren die Lehre. Die Diakone waren für die sozialen Aufgaben zuständig. In der Gemeindeverfassung herrschte das Prinzip der Gewaltenteilung und der Mitverantwortung. Auch das Widerstandsrecht war darin verankert. Diese Prinzipien begünstigten eine demokratische politische Anschauung der Anhänger. Calvins Gemeindeverfassung wurde in Genf erprobt und war erfolgreich.

Der Calvinismus breitete sich besonders in der Westschweiz, in Frankreich (die Hugenotten), in den Niederlanden und in Großbritannien (Puritaner) aus. Calvins Lehre war auch politisch äußerst wirksam: Die Niederlande erkämpften sich die Unabhängigkeit vom habsburgischen Kaiser und entwickelten sich letztlich zu einer parlamentarischen Monarchie, so wie auch Großbritannien. Die Puritaner Großbritanniens gründeten die ersten Siedlungen in Nordamerika und hatten einen prägenden Einfluss auf die politische und gesellschaftliche Struktur des späteren Staates. Die Prädestinationslehre, nach der das Schicksal der Menschen durch Gott vorherbestimmt ist, ließ sie sparsam und profitorientiert werden – denn nur am Erfolg im Leben zeigte sich die vermeintliche Bevorzugung durch Gott. Diese Einstellung prägte nicht nur das Selbstbewusstsein des gehobenen Bürgertums, sondern begünstigte auch die Anhäufung von Kapital und förderte so zugleich wesentlich die Industrialisierung in Großbritannien und in den USA.

Weniger erfolgreich waren dagegen die Hugenotten in Frankreich. Um ca. 1560 soll ein Sechstel der Franzosen der Reformation zugeneigt gewesen sein. Doch hatten die Hugenotten ab 1562 unter Religionskriegen sowie Verfolgungen und Blutbädern wie der berüchtigten »Bartholomäusnacht« zu leiden. Ihr Handlungsspielraum wurde fortschreitend eingeengt. Ihre Versammlungen wurden verboten, die Synoden mussten genehmigt werden. Die Prediger durften außerhalb ihres Wohnortes nicht predigen. Ihre Lage besserte sich, als 1598 von Heinrich IV., der kurz zuvor von den Reformierten zum katholischen Glauben übergetreten war, um König werden zu können, das Duldungs-Edikt von Nantes erlassen wurde. 1685 wurde das Edikt von Nantes von Ludwig XIV. allerdings wieder aufgehoben, um die Religionseinheit wiederherzustellen. Damit nahm er den Hugenotten die letzten Rechte. In der Folge kam es im Jahr 1686 zur Massenauswanderung von 160 000 Hugenotten und reformierten Waldensern (aus Savoyen) aus Frankreich. Da viele dem gehobenen Bürgertum angehörten und gut ausgebildet waren, fanden sie in Deutschland, Großbritannien, den Niederlanden und in Nordeuropa Aufnahme und eine neue Heimat.

Vom Disput zur Propaganda: Das neue Medium Flugblatt

Besonders gut ist der Streit zwischen der römischen Kirche und der Reformation in einem neuen Medium zu verfolgen, das die Frühe Neuzeit mit dem Buchdruck hervorgebracht hat: dem Flugblatt. Hier ging es nicht mehr wie bei den Thesen Luthers um den Einstieg in einen Disput zwischen Gelehrten, sondern hier wurden die Standpunkte durch die Einblattdrucke prägnant dargestellt und massenhaft verbreitet. Oft auch so, dass selbst Analphabeten verstehen konnten, was sie denken sollten. Auf diese Weise wurde das Flugblatt zu einem wichtigen Medium des Meinungsstreits. Zentrale Themen waren der »Kleine Mann« und der Glaubensstreit, die pointierte Vereinfachung das Mittel der Darstellung. So bläst zum Beispiel auf einem Flugblatt von Erhard Schön um 1535 ein schrecklicher, grüner Teufel in einen Dudelsack (ein damals noch übliches Musikinstrument auch in Mitteleuropa), der wie der Kopf eines Mönches aussieht. Der Begleittext verstärkt noch die Aggressivität der Darstellung: »Vor Zeiten pfiff ich hin und her aus solchen Pfeifen dicht und mehr, viel Fabelträume und Phantasie, das ist jetzt aus und vorbei. Das tut mir leid, doch hoffe ich, es währt nicht lange, weil die Welt so dumm ist, so sündhaft tückisch voll von Lug und Trug.«

Lucas Cranach der Jüngere schuf um 1547 den Kupferstich »Abendmahl der Evangelischen und Höllensturz des Papstes« (Abb. 8). Im Zentrum des Bildes steht Luther auf der Kanzel und predigt. Mit der rechten Hand weist er auf die linke Bildseite mit Jesus am Kreuz und der evangelischen Gemeinde, die gerade beim Abendmahl vereint ist. Mit der linken Hand zeigt Luther auf den geöffneten Höllenrachen, das aufgerissene Maul eines hässlichen riesigen Tieres, in dem die Verdammten, der Papst, Bischöfe, Mönche und andere Menschen, drangsaliert werden und im Fegefeuer verbrennen. Diese drastische Darstellung von Gut und Böse machte jeden Text überflüssig.

Das vor 1546 entstandene Flugblatt »Der Narr als Warner« eines anonymen Meisters zeigt etwas Interessantes: Eine bäuerische, als Narr verkleidete Gestalt steht zwischen zwei Grup-

8 Lucas Cranach der Jüngere: Abendmahl der Evangelischen und Höllensturz des Papstes.

pen. Die eine wird vom Papst und Bischöfen angeführt, die andere vom Kaiser und seinem Gefolge. Der Narr wendet sich der Gruppe des Kaisers und der Fürsten zu und will sie gemäß dem darunterstehenden Text von der gegenüberstehenden Gruppe des Papstes und seiner Bischöfe trennen. Die Darstellung zeigt nicht nur, dass immer mehr Fürsten sich der Reformation zuwandten, sondern verdeutlicht auch den Wunsch der Reformatoren, die mittelalterliche Einheit von »Imperium« und »Sacerdotium« (weltlicher und geistlicher Gewalt) aufzulösen. Dass der kluge Ratgeber (Narren durften unbequeme Wahrheiten aussprechen) hier ein einfacher Mann ist, verweist ebenfalls auf ein Merkmal der Reformation: Sie ist nicht mehr eine Sache allein der Herrschenden und der Gelehrten, sondern auch eine Angelegenheit des einfachen Volkes geworden.

In den Flugblättern wurden Themen angesprochen, die auch den einfachen Leuten unter die Haut gingen. So handeln sie zum Beispiel von Wucher und Betrügereien (das Bild dazu zeigt reges Handelstreiben auf einem Marktplatz) oder dem schweren Los der »kleinen Leute«. Da die Autorität der Kirche und der weltlichen Gewalt durch die Wirren und Streitpunkte während der Reformation stark gelitten hatte, konnte man jetzt auch als Untertan so manche Wahrheit aussprechen.

Der Bildersturm und die Wiedertäufer

Der Bruch mit der Tradition und die Wendung gegen die alte Kirche führten in den frühen Jahren der Reformation zum »Bildersturm«. Die Bilder von Heiligen und die Darstellungen biblischer Geschichten, die früher gebraucht wurden, um den bibelunkundigen Gläubigen das Wirken Jesu zu erklären, wurden nun von den Anhängern der Reformation aus den Kirchen geholt und oft sogar unter dem Johlen der Zuschauer zerstört. Luther bekämpfte diesen Bildersturm als Gefahr eines allgemeinen Umsturzes, und auch der Reformator Zwingli konnte sich nicht grundsätzlich dazu durchringen, ihn zu unterstützen. Schließlich richtete er sich nicht nur gegen die Theologie der alten Kirche, sondern war auch ein Aufstand der Massen gegen die geistliche Obrigkeit und deren Besitztümer. So sollte die Vertreibung der Händler aus dem Tempel (ein beliebtes Motiv dieser Zeit) und die Entfernung der Bilder die Zustände der Urkirche der ersten nachchristlichen Jahrhunderte wiederherstellen. Doch verlor diese Bewegung bald wieder den Großteil ihrer Gefolgschaft, nicht zuletzt, weil sich Luther so vehement gegen sie aussprach.

Auf eine fundamentale Neuausrichtung des Glaubens bedacht waren auch die Wiedertäufer. Sie erkannten weder das

Taufsakrament der alten Kirche noch die Kindstaufe der Evangelischen an und tauften ausschließlich Erwachsene. Damit rüttelten sie nicht nur an der kirchlichen, sondern auch an der weltlichen Ordnung, schließlich galt der Eintrag der Taufe eines Kindes in die Kirchenbücher damals nicht nur als Aufnahme in die christliche Gemeinschaft, sondern auch als erste verwaltungsmäßige Erfassung eines Menschen. Wegen ihrer Radikalität wurden sie außerdem mit Aufstandsplänen in Verbindung gebracht, und so gingen sowohl altgläubige als auch evangelische Reichsstände, ganz im Sinne Luthers, gegen die teilweise gewaltbereiten Wiedertäufer vor. Im Jahr 1528, also nach den Bauernkriegen, wurden die Wiedertäufer durch ein kaiserliches Edikt mit der Todesstrafe bedroht.

Politische und soziale Auswirkungen der Reformation
Was Luther über den Glauben lehrte, übertrugen viele Leute auf ihre oft harte und entbehrungsreiche Alltagswelt. Persönliche Freiheit und Gerechtigkeit ließ sich durch die Bibel begründen und musste deshalb ihrer Meinung nach auch im irdischen Leben gelten. Die niedere Stellung der Untertanen stand der Vorstellung von der Gleichheit aller Menschen vor Gott entgegen. Auch der Ärmste konnte vor Gott Gnade finden. Die Lehren der Reformation waren also in der Vorstellung dieser Menschen nicht mehr nur eine Sache des Glaubens, sondern wirkten weit in den sozialen und den politischen Bereich hinein und erreichten alle Stände.

Vor allem die Reichsstädte waren politisch relativ autonom und schlossen sich, oft allerdings nicht ohne Auseinandersetzungen in der Stadt, der Reformation an. Ihre Bürger waren mehr oder weniger gebildet und konnten die Bibel und die reformatorischen Schriften lesen. So konnten die reformatorischen Gedanken hier bei allen Ständen auf fruchtbaren Boden fallen. Zum Beispiel versprachen sich Handwerker und ärmere

Bürger Unterstützung für ihre wirtschaftlichen, politischen und gesellschaftlichen Forderungen gegenüber dem Magistrat ihrer Stadt. Zu ihren Hauptanliegen gehörten die Verringerung hoher Steuern und mehr Einfluss der Zünfte auf die Verwaltung der Stadt.

Auch das Rittertum in Deutschland versuchte in dieser Zeit seine Interessen mit den religiösen Ideen zu verbinden. Die Ritter befanden sich im Streit mit den Fürsten, die den Ausbau der Landesherrschaft, das heißt vor allem eine innere Vereinheitlichung ihres Fürstentums, anstrebten. Dies ging zu Lasten der Ritterschaft und ganz besonders der Reichsritter, die bisher unmittelbar dem Kaiser unterstellt waren, und so kämpften die Ritter gegen die fürstlichen Vorrechte und ihre zunehmende Unterordnung unter deren Herrschaft. Aufgrund der Änderungen in den Kampftechniken durch die Einführung von Feuerwaffen, Kanonen und Söldnern hatten sie ihre militärische Bedeutung und damit ihre Sonderrolle im Krieg verloren. In der Folge gerieten sie immer stärker in wirtschaftliche Not, was auch auf die sich ausbreitende Wirtschaftsform des Frühkapitalismus zurückzuführen ist, die die Landwirtschaft zunehmend in den Hintergrund drängte. Zudem fühlten sie sich durch die finanziellen Ansprüche ihrer Fürsten über Gebühr belastet. Für die Reichsritter kam überdies noch der Prestigeverlust hinzu, da sie in der Lehnspyramide den Fürsten nun nicht mehr gleichgestellt, sondern untergeordnet waren. Viele wurden im »Nebenerwerb« oder ganz zu Raubrittern.

Ein Beispiel, wie sich die materielle Lage der Ritter und ihr gesellschaftlicher Bedeutungsverlust während der Reformation entwickelte, liefert Goethes Götz von Berlichingen, der zwar in dem Stück stark idealisiert dargestellt wird, aber dennoch an das historische Vorbild angelehnt ist. Gleich im ersten Akt des Dramas überfällt Götz Nürnberger Kaufleute. Der wirkliche Grund war wohl, dass er sich deren Waren gewaltsam aneignen wollte, doch in Goethes idealisierender Darstellung tat er dies, weil sie Verbündete des Bamberger Bischofs waren, der sich den Reichsritter Götz untertan machen wollte. Der materielle Überlebenskampf in der Wirklichkeit ist in diesem Drama als Kampf um das alte Recht idealisiert.

Den Landfriedensbrüchen und Räubereien der schwäbischen und fränkischen Ritter wurde 1523 in einer Schlacht durch den »Schwäbischen Bund« ein Ende bereitet. In diesem Bund hatten sich die Reichsstände 1488 auf Veranlassung Kaiser Friedrichs III. zusammengeschlossen. Er hatte die Aufgabe, den Landfrieden zu sichern und wurde auch gegen die Bauern eingesetzt, dann aber wegen innerer Gegensätze und der konfessionellen Spaltung 1534 aufgelöst.

Auch die Bauern sahen in dieser von vielen Veränderungen geprägten Zeit eine Möglichkeit, auf die massive Verschlechterung ihrer Lage aufmerksam zu machen. Bauernunruhen hatte es zuvor schon in vielen anderen Gebieten gegeben. So ist zum Beispiel der Bundschuhaufstand zu nennen, der 1493 unter der Führung von Joß Fritz am Oberrhein seinen Ausgang genommen hatte, oder ab 1514 die Aufstandsbewegung »Der Arme Konrad« in Württemberg. Die Bauern litten unter den Anstrengungen der Landesherrschaft, den Untertanenverband zu vereinheitlichen, straff zu regieren und dabei gleichzeitig die verschiedenen jährlichen und unregelmäßigen Abgaben, die die Bauern an den Grundherrn und die Kirche zu zahlen, und die Dienstleistungen (Frondienste), die sie zu erbringen hatten, zu steigern.

Die Klagen der Bauern richteten sich gegen die Rechtsprechung der von den Herren dominierten Gerichte und die Anordnungen ihrer Verwaltung, und es wurde eine gerechte Besteuerung und Verteilung der Abgaben gefordert. Des weiteren klagten die Bauern über ungerechte Besitzverhältnisse und forderten, dass die so genannte »Allmende«, das heißt Wiesen,

Wälder und Bäche, die ursprünglich Gemeindeeigentum gewesen waren, wieder von allen frei genutzt werden konnten. Außerdem forderten sie, dass die Fürsten die Stellung des Kaisers als Oberhaupt des Reiches wieder stärker achteten. Schließlich schwächte der Ausbau der Fürstenherrschaften, unter dem die Ritter und Bauern litten, auch die ohnehin schwache Stellung des Kaisers, von dem sich die Bauern Hilfe gegenüber ihren Herren erhofften. Zwar gab es natürlich arme und weniger arme Bauern, aber die Bedrückung wurde von allen Bauern empfunden, zumal viele ihrer alten Rechte bei den Herren bewusst oder unbewusst in Vergessenheit geraten waren. Einige dieser alten Rechte finden wir in den »Zwölf Artikeln« der Bauernschaft (s. S. 65).

Der Bauernkrieg von 1525 als Höhe- und Wendepunkt der Volksbewegung

Die Radikalisierung der Bauern

Die reicheren Bauern empfanden vor allem die Rechtsunsicherheit, die mit der Stärkung der Fürstenherrschaft einherging, als Bedrohung. Aus dieser Schicht kamen dann auch die Anführer der verschiedenen Aufstände von 1525. Die in diesen Aufständen vorgebrachten Forderungen nach Veränderung der bestehenden wirtschaftlichen, sozialen und politischen Situation bekamen durch die Lehren der Reformation jetzt eine nahezu »göttliche« Rechtfertigung, die viele Bauern in weiten Teilen des Reichs mitriss. Der Bauernkrieg von 1525 wird häufig als die größte politisch-soziale Massenbewegung der deutschen Geschichte charakterisiert.

Das neue Selbstbewusstsein der Bauern zeigte sich in dieser Zeit allein schon an einem weitverbreiteten Spruch: »Als Adam grub und Eva spann, wo war denn da der Edelmann?« So ist auch in einem Bauerneid zu Tettelbach von Anfang

Mai 1525 überliefert: »Ich soll und will, dieweil wir uns in die Versammlung der Baurschaft getan haben, keinem geistlichen oder weltlichen Fürsten kein Zoll, Zins, Steur oder Zehent nicht geben, bis zu Austrag und Ende der Sachen, und einen Gott, ein Herren zu haben. Das helf mir Gott und das Heilig Evangelium im Namen des Allmechtigen.«

Eine schon auf dem dritten Nürnberger Reichstag 1524 beschlossene »Versammlung teutscher Nation«, die ein Konzil vorbereiten sollte, von dem man sich die Lösung der Religionsfrage erhoffte, verbot Karl V. und forderte auf dem kurz danach stattfindenden Regensburger Konvent die strikte Durchführung des Beschlusses des Wormser Edikts mit der Bannung Luthers. Da sich die Reichsstände dem Befehl des Kaisers stillschweigend beugten, war die Enttäuschung der reformwilligen Kreise groß. Weil der Kaiser auch die Kaufmannschaft unter seinen besonderen Schutz stellte, den Fuggern, seinen Geldgebern, einen Schutzbrief ausfertigte und sich so als Schutzherr dieses mächtigen Handelshauses in der neu aufkommenden frühkapitalistischen Wirtschaftsordnung darstellte, waren die Bauernführer alarmiert und fühlten sich des erhofften Schutzes durch den Kaiser beraubt. Der Unmut der Bauern nahm weiter zu, als die bayerischen Herzöge und die süddeutschen Bischöfe beschlossen, der Forderung des Kaisers nachzukommen und in ihrem Gebiet das Wormser Edikt durchzuführen.

Die Unruhen, die ab 1524 gegen die Grundherren ausbrachen und in deren Verlauf schließlich Burgen und Herrenhöfe geplündert und gebrandschatzt wurden, spiegeln sich in dem Text »Das Bündische Lied« (Quelle 11) wider. Das Kampflied zeugt vom Selbstbewusstsein der Bauern, die sich mit ihrem bewaffneten Widerstand auf den Willen Gottes beriefen, und thematisiert die Verfehlungen der Herren.

Die Rolle Thomas Müntzers

Wenige Jahre vor Ausbruch des Bauernkriegs trat neben Luther ein Theologe an die Öffentlichkeit, der eine wichtige Rolle in dieser Volksbewegung spielen sollte: Thomas Müntzer (um 1489–1525). Er beeinflusste die aufgeladene Situation zusätzlich und rief in Thüringen seine Gläubigen zum Kampf gegen den Adel auf. Bevor Müntzer den Bauernaufstand in Thüringen durch seine feurigen Reden und durch seinen Einsatz in den Bauernhaufen beförderte, war er Gemeindepriester und schloss sich der Reformation an. Luther empfahl den charismatischen Redner 1520 als Prediger nach Zwickau, von wo er jedoch bereits ein Jahr später wieder vertrieben wurde. Von dort aus ging er nach Allstedt in Thüringen, wo er (schon vor Luther) die evangelische Messe in deutscher Sprache als Form des protestantischen Gottesdienstes einführte. Er gründete dort auch den geistlich-revolutionären Bund der »Auserwählten«, was eine konsequente Folge seiner Theologie war. Müntzer vertrat die Ansicht, dass die innere Erleuchtung die Quelle der göttlichen Offenbarung sei. Der Glaube stecke nicht in den Buchstaben der Heiligen Schrift, sondern im Herzen des Gläubigen als »inneres Wort«. Dieses »innere Wort« erwerbe der Gläubige durch das Mitfühlen, Miterleben der Leiden Jesu. Erst wenn er durch dieses Erlebnis vor Gott erzittere, werde er in einer einmaligen Bekehrung reif für den Empfang des Heiligen Geistes. Durch diesen mystischen Ansatz wurde Müntzer zu einem Verächter der Wissenschaft.

Seine große Distanz zum Humanismus machte das Prager Manifest vom 1. November 1521 schon sehr früh deutlich (Quelle 12). Er predigte puritanische Strenge und eine Geringschätzung von Reichtum, die bis zur völligen Gleichheit aller und zur Gütergemeinschaft führen sollte. Nur so ließe sich eine Identität von Gottesreich und weltlichem Reich erreichen. Damit knüpfte er zwar an den frühchristlichen Denker Augustinus an, stand aber, was seine sozialen Vorstellungen anbelangt, konträr zu Luther. Müntzer wurde in Thüringen zu einem politisch-sozialen Revolutionär. Er propagierte den gewaltsamen Untergang aller Gottlosen, worunter er diejenigen verstand, die das »innere Wort« nicht besaßen, und trat außerdem für eine theokratische Herrschaft ein. Müntzer wurde 1525 zur bestimmenden Figur im mitteldeutschen Bauernkrieg.

Luther stand ihm und seinen Gefolgsleuten anfangs mit Abneigung, schließlich mit Hass gegenüber. Seiner Meinung nach waren sie sich der Unterstützung Gottes viel zu sicher, was seiner Vorstellung von der göttlichen Gnade völlig widersprach. Außerdem war für Luther auch die weltliche Obrigkeit ein Teil der christlichen Gemeinde, sofern sie die rechte Lehre verkünden ließ.

Der Aufstand der Bauern und die Zwölf Artikel

Die Unruhen brachen zuerst 1524 in Stühlingen (Oberrhein/Südschwarzwald) aus und verbreiteten sich sehr rasch. In den Vorstellungen der Aufständischen lebten außer den reformatorischen Inhalten der Lehre Luthers auch hussitische Gedanken wieder auf (s. S. 38); in Mitteldeutschland glaubte man an Müntzers »Endkampf gegen den Antichrist«, wobei auch der traditionelle Aberglaube, die Astrologie und mittelalterliche Vorstellungen (unter anderem über die Verantwortung der Fürsten gegenüber ihren Untertanen) eine Rolle spielten und den Aufständischen Stütze und Rückhalt gaben.

Müntzer beteiligte sich an der Seite seiner Anhänger an den Kämpfen in Mitteldeutschland als Feldprediger mit zündenden Reden, in denen er die Aufständischen aufrief, die »Gottlosen« zu vernichten. In einem Manifest zum Aufstand der Mansfelder Berggesellen (Bergwerksknappen) aus dem Jahr 1525 bezeichnete er ihren Kampf als Gottes Kampf und begründete dies mit einigen Bibelstellen (Quelle 13). Nachdem die

Bauernhaufen jedoch endgültig geschlagen waren, nahm man Müntzer gefangen und enthauptete ihn am 27. Mai 1525.

Der Oberrhein, Schwaben und Franken blieben die Hauptschauplätze des Krieges. Im Februar 1525 verbündeten sich die Allgäuer Haufen in der Reichsstadt Memmingen, in der sich kurz zuvor der Rat und die Zünfte für die Reformation entschieden hatten, mit den Aufständischen aus dem Raum südlich von Ulm und denen vom Bodensee. Der Wiedertäufer und Prediger Balthasar Hubmaier versetzte die Bauern am Oberrhein und in Oberschwaben in Erregung. Am 6. und 7. März 1525 fand in Memmingen ein Bauerntag statt, auf dem man sich zu einer »Christlichen Vereinigung« zusammenschloss. Die Diskussionen und Forderungen wurden in den »Zwölf Artikeln der oberschwäbischen Bauernschaft« (Quelle 14) zusammengefasst. Die Forderungen der Bauernschaft waren als Bitten formuliert. Die Bauern gestanden ihren Grundherren die Abgaben zwar durchaus zu, doch sollten diese gerecht bemessen werden, so wie es früher der Fall gewesen sei. Zu Unrecht erhobene Abgaben sollten abgeschafft werden. Die Bauern wollten auch persönlich frei sein und ihre alten Rechte auf die Nutzung der Allmende zurückbekommen. Der 12. Artikel (»Beschluss«) war ganz im Sinne Luthers verfasst, der ja auch 1521 auf dem Wormser Reichstag angeboten hatte, man solle die Richtigkeit seiner Thesen allein an der Bibel als oberster Autorität messen. Auch die Bauern wollten nichts für sich reklamieren, was nicht dem Wort oder Geist der Bibel entspreche. Dass die Bauern sich auf die Bibel beriefen und ihre Forderungen in der Form von Bitten formulierten, macht deutlich, dass sie keine radikale Veränderung, keinen Umsturz der politischen Ordnung anstrebten, sondern nur die Gründe für ihre Klagen abstellen und zum »alten« Recht zurückkehren wollten. (Zum Verhältnis von Bauernkrieg und Reformation siehe das Kapitel »Kontroversen«.)

Wie für Luther galt auch für die Bauern der Primat der Bibel, aber für sie eben auch für das irdische Leben. Die Zwölf Artikel wurden rasch überregional im Druck verbreitet und dienten als Grundlage für die Entschließungen der Bauern und Bergknappen in anderen Regionen. Als ihre Verfasser gelten der Kürschner Sebastian Lotzer und Wendelin Hippler, die beide sehr bibelkundig waren.

Luthers Abkehr von den Bauern

Die Bauern gerieten schon bald in Konflikt mit Luthers konservativem Weltbild, das das Weltliche und das Religiöse als getrennte Bereiche ansah. Deshalb ermahnte Luther sie auch, die Heilige Schrift für ihre Ziele nicht zu missbrauchen. Weniger Bedenken und mehr Sympathie zeigte der Rat der Stadt Nürnberg. Am 24. März 1525 schrieb er an seinen Gesandten beim Schwäbischen Bund, dass der Rat Verständnis für die Forderungen der Bauern habe und man besser einen Ausgleich mit ihnen finden solle, als sie zu bekämpfen.

Luther unterstützte die Bauern anfangs noch. In seiner Schrift *Ermahnung zum Frieden auf die Zwölf Artikel der Bauernschaft in Schwaben* bat er die Fürsten und die Grund- und Leibherrn um Geduld mit den Bauern und um Mäßigung, da manche ihrer Forderungen nur recht und billig seien (Quelle 15). Die Fürsten hätten seine Bitten um Besserung bisher nicht beachtet, also müssten sie jetzt klug handeln und der Verantwortung für ihre Untertanen nachkommen, um Kampf und Zerstörungen zu vermeiden. In derselben Schrift richtete er sich auch an die Bauernschaft (Quelle 16). Zwar räumte Luther ein, dass die Herren ihnen viel genommen hätten. Doch sei es ein viel schwereres Verbrechen, der Obrigkeit die Autorität zu nehmen. Auch widersprach er ihrer Argumentation mit der Bibel: Das Evangelium kümmere sich nicht um weltliche Dinge und könne daher auch nicht als Argument für ihre Forderungen herhalten.

Angesichts der Kämpfe gegen die Obrigkeit in weiten Teilen Süddeutschlands und in Mitteldeutschland, die von Thomas Müntzer als Prediger noch weiter angefacht wurden, änderte Martin Luther jedoch sehr rasch seine vermittelnde, um einen Ausgleich bemühte Einstellung. In seiner Schrift *Wider die räuberischen und mordenden Rotten der Bauern* (Quelle 17) griff er die Bauern jetzt erbost an und warf ihnen vor, sie würden ihre Sünden mit dem Evangelium entschuldigen. Der Versuch, die gottgewollte Ordnung zu beseitigen, war für ihn eine Sünde gegen Gott. Deshalb, so empfahl er nun, müssten die Aufrührer – für die er kurz zuvor noch Verständnis gezeigt und die er milde ermahnt hatte – totgeschlagen werden. Zeitgleich mit dieser Schrift hieben die Gegner Luthers in der alten Kirche in dieselbe Kerbe. Zugleich waren sie aber auch bestrebt, Luther selbst zu treffen. Indem sie zum Beispiel Satz für Satz Luthers Schrift *Ermahnung zum Frieden auf die Zwölf Artikel der Bauernschaft in Schwaben* kommentierten, versuchten sie, ihn als den Alleinschuldigen an den Aufständen der Bauern hinzustellen und auf diese Weise gründlich zu diskreditieren.

Warum sprach sich Luther so vehement gegen die Anwendung von Gewalt durch die Bauern aus, wo diese doch ihrerseits ebenfalls viel Gewalt erleiden mussten? Nach Luthers Auffassung hat Gott zwei Gewalten eingesetzt, die geistliche und die weltliche. Die geistliche solle den Menschen fromm machen, die weltliche müsse den »Unchristen und Bösen wehren«. Wie Luther in seiner Schrift *Von weltlicher Obrigkeit* aus dem Jahr 1523 (Quelle 18) ausführt, sei sie der einzige Schutz vor allem Bösen in der Welt. Wer die weltliche Obrigkeit angreife, verhalte sich daher nicht nur ungehorsam gegenüber den Herren, sondern zerstöre vor allem die gottgewollte Ordnung; wer Aufruhr, Raub und Plünderungen begehe und sie unter dem Schein des Evangeliums rechtfertige, versündige sich und schände den Namen Gottes. »Wer dies alles tut, ist ein Gotteslästerer« und ein Diener des Teufels, so Luther.

Die Reformationen Luthers, Calvins und Zwinglis beförderten letztlich die Freiheit des Individuums. Nicht nur ihre Lehre, auch die neuen Gemeinde- und Kirchenstrukturen, die die Reformatoren geschaffen hatten, werteten den einzelnen Menschen auf und gaben ihm einen sicheren Platz in der Welt. Er fühlte sich freier von den bisherigen wirtschaftlichen, sozialen und auch religiös-ideologischen Bindungen und damit selbstbestimmter. Das Evangelium gab den Schwachen und den Verlierern des gesellschaftlichen Machtkampfes Hoffnung. Gestützt auf das Evangelium forderten sie Freiheit und Gerechtigkeit und glaubten auch, dass ihre Forderungen in Erfüllung gehen konnten. Indem Luther die Obrigkeit angriff und sich zur Begründung und Rechtfertigung seiner Lehre auf das Evangelium berief, riss er diese Menschen mit. Sie gewannen eine Vorstellung, was die Freiheit von gesellschaftlichen Abhängigkeiten bedeuten konnte, doch die Freiheit zur Neugestaltung des Lebens musste erst noch errungen werden. Genau dies hatten zum Beispiel die Bauern versucht. Doch dass diese Freiheit auch für das irdische Leben gelten sollte, konnte Luther im Gegensatz zu Calvin entsprechend seiner Theologie weder sehen noch verstehen. Außerdem wurde immer deutlicher, dass die Fürsten wichtig waren, sowohl für die Durchführung der Reformation als auch für deren Schutz vor Bemühungen zur Rekatholisierung und vor Eiferern. Diese Bindung an die Obrigkeit rechtfertigte Luther in einer Vorlesung über die *Römerbriefe*: »Darum wo es Gewalt gibt und wo sie blüht, da ist sie und blüht sie, weil Gott sie verordnet hat.«

Der Zusammenbruch des Aufstandes der Bauern

Die Fürsten hielten über die Konfessionsgrenzen hinweg zusammen und schlugen die Bauernrevolten mit ihrer Übermacht brutal und blutig nieder. Das Heer des Schwäbischen Bundes unter Georg von Waldburg rang die württembergischen Bauern bei Wurzach (am 14. April 1525) und in Böblingen (am 12. Mai 1525), die fränkischen bei Königshofen und Ingolstadt (am 2. und 4. Juni) nieder. Herzog Anton von Lothringen schlug die elsässischen Aufständischen bei Zabern und Scherweiler (am 17. und 20. Mai), Philipp von Hessen die thüringischen bei Frankenhausen (am 15. Mai), und die pfälzischen Bauern unterlagen bei Pfeddersheim (am 24. Juni). Innerhalb von nur zwei Monaten waren damit fast alle wichtigen Zentren des Bauernaufstandes besiegt. Lediglich in Ostpreußen kam es noch im September zu Bauernunruhen. Als letzte wurden die Unruhen im Sundgau und in Tirol im November 1525 und in Salzburg im Frühjahr 1526 blutig beendet. Die Bauern fielen dem Rachefeldzug der Fürsten nicht nur im Kampf zum Opfer, sondern wurden von den Heerführern und ihren Soldaten auch im Nachhinein in großer Zahl hingerichtet.

Die Reformation durch die Fürsten (Territoriale Reformation)

Der Bauernkrieg wird als eine tiefe Zäsur in der Entwicklung der Reformation angesehen. Die Bauernschaft verschwand nach den furchtbaren Racheakten der Fürsten weitgehend von der politischen Bühne und blieb für Jahrhunderte politisch rechtlos, die Ritter wurden nun von den Siegern des Krieges, den Landesherren, nach und nach vollends ihrer Herrschaft unterstellt. Viele Bauern und Städter in den Regionen der Bauernaufstände wandten sich nun von der Reformation ab. Die Reformation verlor damit ihre Bedeutung als Volksbewegung und wurde eine Sache der Fürsten und der Magistrate der Reichsstädte. Oberschwaben, Tirol und Salzburg wurden wieder katholisch. In den norddeutschen Gebieten dagegen wohin die Bauernkriege sich nicht ausgebreitet hatten, behielt das Luthertum auch nach 1525 seine Anziehungskraft, und weitere Reichsstädte kamen teilweise durch spontan durchgeführte Aktionen der sozialen Unterschichten, die die Stadtherren unter Druck setzten, zur Reformation. Dort aber, wo die Obrigkeit gegen die Bauern und Städte gesiegt hatte, konnte die Landesherrschaft nun ungefährdet ihre Macht ausbauen. In Süddeutschland setzte nach den Bauernkriegen in einigen Reichsstädten eine Welle der Reformation ein. So wurden bedeutende Reichsstädte wie Nürnberg, Regensburg und Augsburg evangelisch. Territoriale Reformationen wurden in Hessen und nach dem Tod Friedrichs des Weisen auch in Sachsen durchgeführt. Friedrichs Nachfolger Johann wandte sich offen der Reformation zu. 1535 wurde Württemberg als erstes Territorium im Südwesten evangelisch.

Kirchliche Reformen kamen jetzt von oben. Für Luther war es selbstverständlich, dass die Neuerungen in der Kirche mit dem Einverständnis der Obrigkeit vorgenommen werden sollten. Der Landesherr habe Pflichten aus seinem weltlichen Amt, aber auch solche, die ihm als Mitglied der christlichen Gemeinde zufielen. Dabei hatte die Obrigkeit die Kirche nicht zu regieren, aber ihr zu helfen, denn die Einheitlichkeit des Gottesdienstes war nur mit der Autorität der Obrigkeit durchzusetzen. So regte etwa der Hochmeister des Deutschen Ordens, Albrecht von Brandenburg, in Brandenburg-Ansbach die Übernahme der Reformation an. Doch die zwei Gewalten, die für Luther so wichtig waren, behinderten sich auch gegenseitig. Wenn die geistlichen oder die weltlichen Herren die Reformation ohne Absprache mit der anderen Gewalt einführten, fühlte sich die jeweils andere Seite übergangen. Je mehr sich die Fürsten aber dazu bereitfanden, die evangelischen Kirchen zu unterstützen, desto stärker wuchs auch ihr Einfluss auf sie. Mit der Einführung der Visitationen (Kontroll- und Beratungsbesuche bei den Pfarrern, um sich von der Qualität und der Richtigkeit der Lehre zu überzeugen) bekamen die Fürsten Kontrolle über die Pfarrer und die Gemeinden. Melanchthon zum Beispiel verfasste eine genaue Anweisung zur Durchführung einer Visitation, die den kontrollierenden Theologen an die Hand gegeben wurde. Dabei sollte der Landesherr die Durchführung, so Luther, allerdings nicht als Obrigkeit, sondern allein aus »christlicher Liebe« überwachen.

Nach entsprechenden Vorarbeiten und Versuchen anderer verfasste Luther 1529 als eine Konsequenz aus den Ergebnissen der bisherigen Visitationen einen Katechismus, in dem er die Glaubenslehren verbindlich vorschrieb und den Pfarrern ans Herz legte. So ordnete sich Luthers Reformation autoritären Strukturen unter, im Gegensatz zu Calvin, dessen Reformbewegung zu sich selbst verwaltenden Stadtstaaten wie in Genf führte, die schon demokratische Strukturen aufwiesen.

Kirchenspaltung und Konfessionsbildung

Der Reichstag von Augsburg im Jahr 1530 markiert den Beginn der konfessionellen Spaltung. In der *Confessio Augustana*, dem Augsburger Bekenntnis, hatte Melanchthon in versöhnlichem Ton die evangelischen Glaubensgrundsätze dargestellt. Dieses Bekenntnis wurde von einer Mehrheit der evangelischen Reichsstände unterzeichnet. Nach dem Scheitern einer gütlichen Einigung mit dem altgläubigen Lager 1531 in Schmalkalden schlossen diese sich zum »Schmalkaldischen Bund« zusammen und schufen sich so eine feste Struktur für ihr gemeinsames Handeln. Die Religionsfrage war damit zu einer Variablen der Reichspolitik geworden, die diese mal bestimmte, mal aber auch von ihr abhing.

Vorausgegangen war diesem Schritt der Reichstag zu Speyer 1526, bei dem die Ächtung Luthers vertagt wurde. Die Situation hatte sich für Kaiser Karl wegen der außenpolitischen Bedrohung des Reiches sehr ungünstig entwickelt. Die evangelischen Reichsfürsten traten jetzt selbstbewusst auf, denn die Türken bedrohten die Grenzen des habsburgischen Reichsteils, der Hausmacht Karls, und zugleich begann der zweite Krieg Karls gegen Frankreich unter König Franz I. (er dauerte bis 1529). Außer der Vertagung des Bannes gegen Luther erreichten die evangelischen Fürsten auch noch einen Kompromiss. Die Regelung der Religionsfrage sollte bis zur Einberufung eines Nationalkonzils offenbleiben. Die Landesherren und die weiteren Reichsstände konnten also bis auf weiteres selbst bestimmen, ob sie die Reformation beibehalten bzw. einführen wollten oder nicht. Den Reichsfürsten und den reichsstädtischen Obrigkeiten wurde somit offiziell das Recht zugestanden, selbst über die Einführung der Reformation zu entscheiden. Und dort, wo sie bereits eingeführt worden war, wurde dies damit akzeptiert.

Auf dem zweiten Reichstag zu Speyer 1529 führte das aggressive Vorgehen des evangelischen Fürsten Philipp von Hessen gegen Mainz und Würzburg dazu, dass sich die altgläubige Mehrheit zusammenschloss und der Kompromiss von 1526 aufgehoben wurde. Die bisherigen Neuerungen sollten zwar geduldet werden, weitere jedoch nicht zulässig sein. Auch sollte die altgläubige Messe überall zugelassen und Zuwiderhandlungen mit der Verhängung der Reichsacht geahndet werden. Dagegen legten die evangelischen Reichsstände eine »Protestation« ein, das heißt einen Protest und eine Darlegung ihres eigenen Rechtsstandpunktes (davon leitet sich übrigens auch die Konfessionsbezeichnung »Protestanten« ab).

Durch den Frieden, den Karl Frankreich inklusive des Verzichts auf Oberitalien zugunsten Habsburgs aufgezwungen hatte, war der Kaiser wieder gestärkt und wollte jetzt angesichts der im nördlichen Balkan stehenden Türken die Religionseinheit im Reich erzwingen. Diesem Zweck sollte der schon erwähnte Reichstag zu Augsburg dienen. Scheinbar kompromissbereit gewährte Karl allen die Möglichkeit, zur Beilegung des Glaubenskonflikts eine Stellungnahme abzugeben. Nachdem er aber in Augsburg eingetroffen war, beharrte er auf dem strikten Verbot der evangelischen Predigt. Daraufhin verfasste Melanchthon im Auftrag des lutherischen Lagers seine *Confessio* als Verhandlungsgrundlage, die auch von Karl akzeptiert wurde. Nach der *Confessio Augustana* der Lutheraner legten ebenso Zwingli und die vier oberdeutschen Reichsstädte Konstanz, Memmingen, Lindau und Straßburg, die im Gegensatz zu Zwingli nur geringe Differenzen zu der lutherischen *Confessio* Melanchthons zeigten, ihre Schrift dem Kaiser vor. Dass Karl seiner Kommission den Auftrag gab, nur die Schrift der Lutheraner zu prüfen, zeigt schon, wie sich das Kräfteverhältnis der Reformierten zugunsten der Lutheraner entwickelt hatte. Letztlich lehnte Karl alle weiteren Verhandlungen mit den Evangelischen ab. Dem Schmalkaldischen Bund, der ein politisches wie auch militärisches Bündnis der evangelischen Reichsstände war, schloss sich auch das katholische Bayern für eine gewisse Zeit an, um dadurch die Übermacht Habsburgs im Reich etwas zu schmälern. Dies zeigt den Doppelcharakter solcher politisch-konfessioneller Blöcke: Sie fördern die Solidarität zwischen den Mitgliedern, lassen sich aber auch von jedem Mitglied als Machtmittel gegen andere (sogar verbündete) Mächte einsetzen.

Aufgrund der wieder aufgekommenen »Türkengefahr« – die Türken standen erneut vor Wien – gewährte der Kaiser den protestantischen Reichsständen 1532 auf dem Reichstag zu Nürnberg das Recht auf freie Religionsausübung, bis die Frage in einem Konzil endgültig entschieden werden sollte (»Nürnberger Religionsfriede«). Dafür leisteten diese dem Kaiser bereitwillig militärische Hilfe gegen die Türken. 1536 spitzte sich der Krieg durch das Bündnis des französischen Königs Franz I.

mit dem türkischen Sultan (1536) weiter zu. Erst 1544 wurde schließlich ein Ausgleichsfriede geschlossen, und alle Parteien behaupteten ihre Besitzstände.

Zeitgleich zu diesen Auseinandersetzungen zwischen dem katholischen und dem evangelischen Lager gab es auch Dispute zwischen Luther und Calvin bzw. den Vertretern der Lehre Zwinglis, bei denen es um theologische Differenzen ging. Für Calvin geschah dies völlig zur Unzeit. In einem Brief von 1544 an den Züricher Nachfolger Zwinglis bat er daher darum, die Anwürfe Luthers nicht aufzugreifen, sondern Ruhe zu bewahren, da Luther zwar ein schwieriger Charakter sei, sich aber doch auch sehr um die gemeinsame Sache verdient gemacht habe (Quelle 19).

Nach dem Ausgleichsfrieden von 1544 wollte Karl die protestantischen Reichsstände endgültig niederwerfen und die »Ketzerei« damit ausrotten. Es kam zum Schmalkaldischen Krieg (1546–1547), der mit Karls Sieg über das protestantische Lager endete. Jetzt hatte der Kaiser wieder die Oberhand. Als jedoch Herzog Moritz von Sachsen, der Karl in diesem Krieg noch nach Kräften unterstützt hatte, zur evangelischen Seite überwechselte, verschob sich das Kräfteverhältnis. Die (evangelische) Fürstenopposition verbündete sich 1552 mit dem neuen französischen König Heinrich II. In der Folge konnten sie das kaiserliche Heer besiegen und erzwangen den Passauer Vertrag: Die Bekenner der Augsburgischen Konfession erhielten damit bis zu einem neuen Reichstag, bei dem die Konfessionsfrage (wieder einmal) endgültig gelöst werden sollte, das Recht auf freie Religionsausübung.

Der Augsburger Religions- und Landfrieden von 1555

Schließlich wurde 1555 zwischen dem außenpolitisch und militärisch geschwächten Kaiser und der Fürstenopposition der Augsburger Religions- und Landfrieden geschlossen. Die Autorität des Kaisers war geschwächt durch die zahlreichen Änderungen seiner Haltung gegenüber den Reformierten, zu denen er sich infolge der vielen Kriege, die immer wieder seine ganze Aufmerksamkeit und Kraft und die Unterstützung der evangelischen Stände beanspruchten, gezwungen sah. Außerdem hatte er resigniert. So übertrug er seinem Bruder Ferdinand die Verantwortung für die Verhandlungen über die Religionsfrage. Ferdinand war ohnehin gut eingebunden in die jetzt zunehmend durch die Reichsstände geprägte Politik im Reich, die sich inzwischen in Richtung einer dauerhaften Entkoppelung der Glaubens- und Reichseinheit entwickelte.

Sowohl evangelische als auch katholische Reichsstände wollten trotz ihrer gegensätzlichen Auffassungen in Glaubensfragen die Einheit des Reiches erhalten und stimmten daher mehrheitlich für die Einführung eines dauerhaften Religionsfriedens (Quelle 20). Den einzelnen weltlichen Reichsständen wurde für ihr Territorium die Konfessionshoheit zugesprochen. Das heißt, jeder Landesherr, jeder Magistrat einer Reichsstadt, jeder reichsunmittelbare Adlige konnte fortan bestimmen, welche Konfession in seinem Gebiet gelten sollte. (Die berühmte Formel *cuius regio, eius religio* findet sich nicht wörtlich in dem Vertrag, sondern ist eine interpretierende Rechtsformel.) Der Vertrag bedeutete damit auch eine Stärkung der Landesherrschaft auf religiösem Gebiet und machte die reichsständische Selbstbestimmung zu einem Rechtsgrundsatz. Doch dauerte es noch bis zum Ende des Dreißigjährigen Krieges (1618–1648), bis diese Koexistenz zweier Konfessionen letztendlich auch im aktuellen politischen Handeln anerkannt wurde. Denn auch nach 1555 setzten sich die Prozesse und Kämpfe, die mit der Reformation begonnen hatten, weiter fort, freilich unter allmählich veränderten Voraussetzungen. Gleichwohl bestand jetzt mit dem Augsburger Vertrag eine gegenseitige Duldung von Katholiken und Protestanten. Andersgläubige bekamen das Recht zugesprochen, unbehelligt aus dem Herrschaftsbereich auswandern zu dürfen. Der Vertrag blieb allerdings auf die Angehörigen der alten, der katholischen Kirche und die der Augsburger Konfession, also die Lutheraner, beschränkt und galt nicht für die Zwinglianer und Calvinisten.

1556 dankte Karl V. ab und übergab Spanien mit seinen Kolonien sowie Neapel, Mailand, Burgund und die Niederlande seinem Sohn Philipp II., die deutschen und östlich davon liegenden Teile des Reiches und die Kaiserwürde gingen an seinen Bruder Ferdinand I. Zwei Jahre später starb er in völliger Zurückgezogenheit.

Die Gegenreformation – Das Konzil von Trient (1545–1563)
Als Reaktion auf die zweite Reformationswelle der Lutheraner und der Calvinisten verschärfte die katholische Kirche 1544 ihren Kampf gegen den Protestantismus und ging zur Gegenwehr über. Auf dem Konzil zu Trient sollten Reformdekrete erlassen werden, die die Konkurrenz zum Protestantismus stärken sollten und schließlich die Grundlagen des neuzeitlichen Katholizismus schufen. Am 15. März 1545 wurde das Konzil offiziell eröffnet, obwohl noch nicht alle Bischöfe angereist waren. Die protestantischen Bischöfe hatten ihre Teilnahme verweigert und das Konzil als unfrei bezeichnet. Nach Meinung des Papstes Paul III. sollte das Konzil den religiösen Zwist durch verbindliche Lehrentscheidungen aus der Welt schaffen, kirchliche Missstände durch Reformen beseitigen und einen Kreuzzug gegen die Türken beschließen.

Neben die Lehrmeinung der Kirche, die sich vor allem auf die im Laufe der Jahrhunderte entstandene theologische Tradition berief, wurde jetzt auch die Heilige Schrift, das Evangelium, gestellt. Nach bisheriger Auffassung war der freie Wille des Menschen durch die Erbsünde eingeschränkt. Doch gestärkt durch die göttliche Gnade könne sich der Mensch aus eigenem

Willen erheben und zum Heil gelangen. Das Konzil legte fest, dass es zu keiner Vermittlung zwischen der alten Tradition und der reformatorischen Sichtweise kommen dürfe. Während einer weiteren Sitzungsperiode wurden die Sakramente bestätigt und die Transsubstantiationslehre bekräftigt. Im Gegensatz zu den Reformatoren glaubt die katholische Seite, dass sich in der (katholischen) Messe bei der Wandlung die Hostie und der Wein in den Leib und in das Blut Jesu verwandeln. Den Laien wurde der Kelch bei der Kommunion (evangelisch: beim Abendmahl) weiterhin nicht gereicht, auch wurden weitere Inhalte der bisherigen Lehre der alten Kirche, zum Beispiel was die Form der Messe betraf, überprüft und bestätigt. Während der späteren Sitzungen kam es allerdings zu einem Meinungsstreit, ob die Beschlüsse des Augsburger Religionsfriedens als gleichberechtigt mit denen des jetzigen Konzils angesehen werden könnten. Der Papst blieb bei seiner ablehnenden Haltung und vertiefte damit den Graben zwischen der katholischen Kirche und dem altgläubigen Kaiser.

Durch das Konzil von Trient hatte sich die katholische Kirche für die Auseinandersetzung mit der Reformation gestärkt, zugleich aber auch die Differenzen zwischen sich und den Anhängern der Reformation verschärft. Auch wenn die Kirche formal noch als Einheit bestand, war der Bruch damit endgültig geworden. Das Konzil hatte die reformierten Bischöfe, die ja nicht angereist waren, praktisch ausgeschlossen und eine eigene Reform durchgeführt. So bleibt es bis heute strittig, ob die Anhänger der Reformation sich von der Kirche abspalteten oder ob es seither zwei unterschiedliche Zweige innerhalb der Kirche gab. Schließlich standen auch die Lutheraner teilweise in der Tradition früherer vergeblicher Reformbemühungen und hatten wichtige Elemente dieser Reformvorschläge, nämlich die Betonung der Bibelauslegung, die Hervorhebung der Predigt und die Liturgie der »Deutschen Messe« übernommen.

Eine weitere Kraft zur Festigung der Lehrautorität der katholischen Kirche und zur Rückgewinnung von Ständen, die zur Reformation übergetreten waren, erwuchs in dem von Ignatius von Loyola 1534 gegründeten Jesuitenorden, den dieser dem Papst direkt unterstellte. Ignatius, der im weltlichen Leben als Offizier schwer verwundet worden war, wurde der erste Ordensgeneral. Er machte dem Orden zur Aufgabe, die Stellung des Papstes in seiner Kirche zu stärken und die »Ketzer und Heiden« zu bekehren. So ging von den Jesuiten ein starker Impuls zur Gegenreformation aus. Zum Beispiel wurden vor allem durch sie Bayern, Böhmen und Polen rekatholisiert.

Ausblick auf das Weiterwirken des Konfessionsstreites bis in den Dreißigjährigen Krieg 1618–1648

Wie bereits erwähnt, waren mit dem Augsburger Religionsfrieden die konfessionellen Kämpfe in Wirklichkeit noch lange nicht beendet und auch die gegenseitige Duldung und Achtung beider Konfessionen längst nicht erreicht. Der Religionsfriede im Reich war beschlossen, die alte Kirche hatte sich neu definiert, sich abgewendet von den reformierten Geistlichen und Gläubigen, sie ausgeschlossen aus ihrer Kirche, und ein Status quo war erreicht. Weitere Herrschaften schlossen sich der Reformation an, andere lösten sich davon bzw. rangen sich zu keiner klaren Entscheidung in der Konfessionsfrage durch.

Wenn man nach den Ursachen des Dreißigjährigen Krieges fragt, so muss man sich klarmachen, dass das einigermaßen befriedete Reich in einem unbefriedeten Europa lag. Außerhalb des Reiches gab es »ungelöste Konfliktkonstellationen«, die das regulierte, aber noch nicht endgültig gelöste konfessionell-politische »System des Reiches gefährdeten« (Burkhardt, S. 199). So konnte es trotz der »regulierten Probleme« dazu kommen, dass im Rahmen des Religionskonfliktes 1618 radikalisierte katholische Machthaber und dagegenhaltende protestantische Machthaber und Gruppen mit ihrem Zwist die gemäßigten Kräfte beider Seiten in den Krieg hineinrissen. Die ungelösten Konfliktkonstellationen waren vor allem der erneuerte dynastische Universalismus der streng katholischen Habsburger Kaiser, verbunden mit ihren Rekatholisierungsbemühungen, die sich mit dem französischen Universalismus und seiner Annexionspolitik sowie mit den schwedischen Großmachtplänen im Ostseeraum duellierten.

Habsburg ging es um die politische und konfessionelle Einheit des Reiches, der das Streben der Reichsstände nach Rechten und Unabhängigkeit entgegenstand. Das protestantische Dänemark fühlte sich vom katholischen deutschen Kaiser bedroht. Schweden griff natürlich in den Krieg auf Seiten Dänemarks und der evangelischen Reichsstände ein, da der Kaiser der gemeinsame Gegner war. Für König Gustav II. Adolf und seine Berater galt als sicher, dass sich Schweden einer Einbeziehung in einen europäischen Krieg nicht entziehen könne. Besonders erfolgversprechend wurde dieser Schritt noch durch das Eingreifen des katholischen Frankreichs an der Seite des protestantischen Schwedens gegen den katholischen habsburgischen Kaiser, um ihn zu schwächen und die schon längere Zeit vorher begonnene Expansionspolitik zur Rheingrenze hin fortzuführen. Man reagierte auf die angenommene Gefahr einer Einkreisung Frankreichs durch die habsburgische Herrschaft in Spanien im Westen und im Heiligen Römischen Reich im Osten. An der Oberfläche dieses europäischen Konflikts, der gänzlich auf Reichsgebiet ausgetragen wurde, ging es um Rekatholisierung und deren Abwehr, in der Tiefe aber ging es um die hier angeführten politischen Motive.

Die Söldnerheere nahmen spätestens nach dem Tod des schwedischen Königs Gustav Adolf 1632 bei ihren Beutezügen, Beschlagnahmungen von Lebensmitteln (»Der Krieg ernährt den Krieg«), Brandschatzungen, Morden an der Zivilbevölkerung und Plünderungen auf konfessionelle Gegebenheiten keine Rücksicht – genauso wenig, wie bei der Anwerbung der Söldner durch die Heerführer auf deren Glauben geachtet wurde. Auch wurden die Fronten gewechselt, manchmal mehrmals, wenn es den nationalen, den innenpolitischen oder den persönlichen Vorteilen nützte.

Obwohl der Dreißigjährige Krieg eigentlich nicht als eine unmittelbare Folge der Reformation gesehen werden kann, wird er doch oft unter der Rubrik »Religionskrieg« geführt. In diesem europäischen Krieg schwingt noch mit, dass die interkonfessionellen Probleme durch den Augsburger Religionsfrieden nicht gelöst waren. Das zeigt auch die habsburgische Gegenreformation gegen die evangelischen böhmischen Stände zu Beginn der Kampfhandlungen 1618. Sehr deutlich wird diese konfessionelle Komponente zum Beispiel auch am Oberösterreichischen Bauernaufstand von 1626. Da Kaiser Ferdinand die Hilfe Bayerns beim Kampf gegen die Evangelische Union brauchte, er aber die Auslagen Bayerns nicht bezahlen konnte, überließ er Oberösterreich dem bayerischen Kurfürsten als Pfand. Der bayerische Statthalter, der von den Bürgern und Bauern immer wieder hohe Abgaben verlangte, führte die auch vom Kaiser gewünschte Rekatholisierung durch. Es kam zu Unruhen und schließlich auch zu einem Aufstand der Bauern. Nicht nur die Kämpfer wurden schikaniert, viele willkürlich hingerichtet, in Kerker gesteckt.

Eine kleine Gruppe von betroffenen Oberösterreichern verfasste in ihrer Not einen 22seitigen engbeschriebenen Bittbrief an den Kaiser, in dem sie ihrem Landesherrn das ihnen zugefügte Leid berichteten und ihn um Hilfe baten. Im einzelnen führten sie in diesem Bittbrief an, dass sie, als sie sich als evangelische Christen auf die Bestimmungen des Augsburger Religionsfriedens beriefen und ausreisen wollten, ins Gefängnis geworfen und mit dem Tod bedroht, manche von den Soldaten des Statthalters beschimpft, gequält, ausgeraubt oder gar gehenkt wurden. Um ausreisen zu können, wurden sie zur Nachversteuerung gezwungen, obwohl sie schon die Ausreisesteuer bezahlt hatten. Vor der teuer erkauften Ausreise wurden sie von den Soldaten selbst um das gebracht, was sie auf dem Leib trugen bzw. mit sich führten. Oft zündeten die Soldaten auch ihre Häuser an. Einmal wurde eine große Menge von Ausreisewilligen gewaltsam in eine Scheune gepfercht und wäre, wie in dem Schreiben an den Kaiser steht, wohl auch erstickt, wenn nicht ein mitfühlender Mensch die Türe von außen wieder geöffnet hätte.

Eindringlich wird der Kaiser am Schluss des Briefes gegen den Statthalter und seine Soldaten um Hilfe gebeten: »… das wür arme, wenig genueg bewörte leute durch kriegsmacht überzogen und durch schwert, prant und mort sambt dem ganzen land verderbt und vertilgt werden sollen.« Danach beriefen sie sich nochmals auf den Augsburger Religionsfrieden und auf ihre fortwährende Treue zum »hochlöblichen hauss österreich«. Doch die kleine Delegation, die den Brief dem Kaiser überreichen sollte, traf diesen nicht an. In einer gemeinsamen Aktion schlugen die bayerischen und österreichischen Truppen die letzten Widerstandsnester nieder. Damit brach auch der letzte Bauernkrieg, der auf die Reformation zurückgeführt werden kann, in sich zusammen.

Der Dreißigjährige Krieg schloss die Konflikte um die Reformation ab und markierte das Ende des noch spätmittelalterlichen Universalreiches der deutschen Kaiser. Dies sieht man an den Regelungen des Westfälischen Friedens 1648: Der Augsburger Religionsfriede wurde bestätigt, der Calvinismus und der Zwinglianismus wurden in die Friedensbestimmungen aufgenommen. Schweden erhielt Vorpommern mit der Odermündung und Stettin, Wismar, die Herzogtümer Bremen (ohne die Stadt) und Verden und die Elbe- und Wesermündung. Somit hatte Schweden wichtige Gebiete und Brückenköpfe am südlichen Ostseeufer für sich und seinen Handel erworben. Frankreich erhielt die bisherigen österreichischen Besitztümer im Elsass und in Lothringen und durfte Philippsburg zur Festung ausbauen, der Oberrhein wurde entmilitarisiert, und es bekam die Besitzbestätigung für Toul, Metz und Verdun.

Außer den furchtbaren Zerstörungen weiter Gebiete, der Rechtsordnung und der sittlichen Normen, der Infrastruktur, den hohen Menschenverlusten, der Verarmung der Bauern und Bürger hatte das Ende des Krieges weitere schwerwiegende Folgen. Der Machtverlust des Kaisers beschleunigte die Auflösung des Reichsgefüges. Die Reichsstände bekamen die Mitbestimmung in allen Reichsangelegenheiten anerkannt und die volle Landeshoheit (Souveränität) in allen weltlichen und religiösen Angelegenheiten sowie das Recht zu Bündnissen auch mit ausländischen Staaten. Allerdings durften sich diese Bündnisse nicht gegen den Kaiser und das Reich und dessen Frieden richten. Außerdem schieden der nördliche Teil der spanischen Niederlande (der heutige Staat der Niederlande) und die in der Schweizer Eidgenossenschaft zusammengeschlossenen Kantone aus dem Reich aus. Die souveränen Landesherrschaften im Reich entwickelten sich so allmählich zur Keimzelle der späteren bundesstaatlichen Struktur Deutschlands.

Die Konfessionsprobleme in Deutschland waren jetzt im Prinzip gelöst. Die Konfessionen hatten, schon nach 1555, untereinander sogar geringere Spannungen auszuhalten als die vorreformatorische spätmittelalterliche Kirche. Und so könnte man sagen, dass aus einer Kirche, die unterschiedliche Polaritäten und Spannungen aushalten musste, das multikonfessionelle Europa der Frühen Neuzeit geworden war. Der Papst und die katholische Kirche verloren im politischen Leben ihre bisherige Bedeutung. Nicht nur 1555, auch bei dem Westfälischen

Frieden 1648 spielte der Papst keine Rolle mehr. Staat, Kunst und Wissenschaften lösten sich zunehmend von religiösen Bindungen und wurden rein weltlich (Säkularisierung).

Frankreich war jetzt in Europa eine Vormacht, ebenso Schweden, und die einzelnen Fürstentümer konnten nun ihre Herrschaft im Inneren ausbauen. Ständische Mitbestimmungsrechte wurden immer weiter abgebaut, das Lehnswesen immer mehr durch eine moderne Verwaltung mit einer ausgebildeten Beamtenschaft abgelöst, und die Fürsten gelangten zu mehr Ansehen und bauten auch ihre persönliche Machtstellung in ihrem Staat sowie teilweise auch im Reich aus. Nach französischem Vorbild entstand jetzt der absolutistische Staat. Es begann das höfische Zeitalter, und die Fürsten wurden immer mehr auch zu Mäzenen für die Künste und die Wissenschaften. Viele bürgerliche Künstler und Wissenschaftler wurden weniger von den Städten und ihren Magistraten gefördert als von den erstarkten Fürstenhöfen. Sehr bekannt ist die Förderung der Musik im Barock und im Rokoko. Frankreich wurde zum Vorbild in der Kultur, im Staatswesen und in der Diplomatie.

Der Frühkapitalismus setzte sich immer stärker durch, und ebenfalls ausgehend von Frankreich gelangten das Wirtschaftsleben und die Planung wirtschaftlicher Vorgänge immer mehr unter die Führung des Staates. Der Merkantilismus mit seinem Protektionismus wurde das Wirtschaftssystem des Absolutismus.

Schlussbetrachtung über die Renaissance, den Humanismus und die Reformation

Warum waren die Reformationen Luthers, Zwinglis und Calvins erfolgreich, wurden zu bestimmenden Ereignissen dieser Zeit und zogen politische Veränderungen nach sich, die von Jan Hus jedoch nicht?

Frühere Kirchenreformen wie zum Beispiel die der Cluniazenser im 11. Jahrhundert wurden durch die Klöster, Bischöfe und schließlich durch den Papst durchgeführt. Dies waren Reformen, die Missstände korrigieren sollten. Luthers Reform und jene von Jan Hus, Calvin und Zwingli wurden zwar ebenfalls durch das Unbehagen an den Missständen befördert, betrafen aber noch viel mehr: Die Theologie erfuhr eine neue Ausrichtung der Lehre, in deren Zentrum die »Wiederentdeckung« der Bibel als alleiniger Grundlage des Glaubens stand (in der Literatur zur Reformation wird gelegentlich angemerkt, erst jetzt sei das Christentum eine Schriftreligion geworden). Insbesondere muss die Bedeutung der Renaissance für den Erfolg der Glaubensreform betrachtet werden (s. auch im Kapitel »Kontroversen«). Im Gegensatz zu Hus lebte Luther in der Zeit einer beschleunigten Veränderung, die die Epoche der Neuzeit einläutete. (Ob die Renaissance als eigenständige Epoche angesehen werden kann, wird im Kapitel »Kontroversen« als erste These diskutiert.) Durch das neue Welt- und Menschenbild der Renaissance, das die Humanisten propagierten, wurden Erfahrungen der Antike nach und nach reaktiviert, die Menschen entdeckten ihre Spielräume, und viele Humanisten bekamen durch die Pflege der alten Sprachen einen direkten Zugang zu den biblischen Texten.

Angesichts der Krise im Spätmittelalter, des Orientierungsverlustes im Gesellschafts- und im Bildungssystem und des Autoritätsverlustes der Kirche wuchs die Bereitschaft zu einer Erneuerung des weltlichen Teils des Menschseins. Fähigkeiten, sich mit seiner Welt in Kunst und Wissenschaft auseinanderzusetzen, wurden aufgegriffen und weiterentwickelt. Aus der Selbstvergewisserung, der Stärkung der geistigen und sittlichen Fähigkeiten und den daraus entwickelten Lebensregeln sollte ein Weg zur Bewältigung des Lebens gefunden werden. Eine neue Antwort auf die Herausforderungen der Zeit war der Humanismus wegen seiner Fixierung auf den Menschen als Menschen, auf seine Weltlichkeit, auf sein irdisches Wesen, ohne dabei die religiöse Dimension zu vernachlässigen.

Allerdings war der Humanismus keine Massenbewegung, sondern blieb auf die gebildeten Kreise beschränkt. Dennoch wurden durch ihn die Grundlagen für eine gesellschaftlich breitere Bildung gelegt. Erfindungen und Entdeckungen wurden gemacht, die wiederum das Welt- und Menschenbild der neuen Zeit anreicherten, was sich auf den Horizont der Menschen auswirkte und weitere Leistungen hervorbrachte. Die »Jahrtausenderfindung« des Buchdrucks mit beweglichen Lettern bewirkte eine massenhafte Verbreitung von Erkenntnissen und neuen Ideen. Das führte nicht nur zu einer gesteigerten Rezeption der Wissenschaften, sondern auch zu einer größeren Beachtung der reformatorischen Lehren.

Die Ideen der Reformatoren zur Zeit der Renaissance fielen mit den politischen und wirtschaftlichen Strukturveränderungen und den Aufbrüchen im Denken und Handeln dieser Zeit zusammen. Mit dem größeren Maß an persönlicher Freiheit und Unabhängigkeit, welche die Individualität, aber auch die stärkere Vereinzelung erfahrbar machte, wuchs die soziale Mobilität. Die Welt des Mittelalters öffnete sich und ließ Gruppeninteressen verstärkt ihren Raum. Der Frühkapitalismus kam auf durch die Ausweitung der Handelsbeziehungen aufgrund neuer Waren, Märkte und Handelswege, die durch die Entdeckungen der nahen und fernen Welt angestoßen wurden; das Geldgeschäft war nicht mehr durch kirchliche Regeln geächtet; man konnte nun auch mit Geld große Macht erreichen, wie an den Beispielen der Fugger und Medici zu sehen ist.

Das Wissen erweiterte sich, es entwickelte sich eine pluralistischere, objektivere Betrachtung der Welt, in der auch verschiedene Formen des Glaubens nebeneinander existieren konnten. Bis dies allgemein akzeptiert wurde, bedurfte es allerdings zuerst einiger gesellschaftlicher Veränderungen. Eine wesentliche Rolle bei der Ausbreitung und dem Gelingen der Reformation im Reich kam den Fürsten zu: Die Reichsfürsten lockerten ihre Bindung an den Kaiser, welche im Heiligen Römischen Reich Deutscher Nation ohnehin viel lockerer war als in Großbritannien und Frankreich, und strebten immer erfolgreicher nach größerer Selbständigkeit. Diese bedeutenden Entwicklungen sowohl auf politischem als auch auf sozialem und wirtschaftlichem Gebiet setzten allerdings auch den niederen Adel, die Bürger der relativ autonomen Reichsstädte und die Bauern unter einen starken Druck und veränderten ihre bisherige Lebensweise. Wie man sich zur Reformation stellte, das heißt, ob man die Lehren Luthers unterstützte oder sie ablehnte, war seit der Zeit der »Territorialen Reformation« nicht zuletzt eine Frage der Macht und wurde zu einem Mittel, sich gegen den Kaiser und andere Fürsten abzugrenzen bzw. sich die Unterstützung des Kaisers durch Zugeständnisse belohnen zu lassen.

Die »Volksreformation«, die bereits davor eingesetzt hatte, wurde von den Bauern und einigen Städtern getragen, die nicht nur gestützt auf die Lehren der Bibel eine Verbesserung ihrer sozialen Lage forderten, sondern sich auch gegen den durch den Ausbau der Territorialherrschaft entstandenen Druck stemmen wollten. Diesen Kampf gewannen allerdings die Fürsten. Die Kämpfe um Macht und gesellschaftliche Veränderungen, die durch die Reformation entstanden waren, fanden im Westfälischen Frieden 1648 ihre endgültige Lösung: Die dabei geschaffenen neuen Strukturen waren die Grundlagen der weiteren Entwicklung bis heute. Die grundlegenden Veränderungen in der Zeit der Renaissance mit ihrem neuen Welt- und Menschenbild führten zur endgültigen Auflösung der mittelalterlichen Reichsidee. Anstelle der Einheit von weltlicher und geistlicher Herrschaft über die Christenheit ging die Entwicklung nun zum Typus des modernen Staates.

Dass es den Menschen jetzt möglich war, das Christentum in zwei Konfessionen zu erfahren, stärkte den Toleranzgedanken. Zwar wurde die Konfessionsfrage infolge der Niederschlagung der Bauernaufstände zu einer Angelegenheit der Obrigkeit, was eine Stärkung des obrigkeitsstaatlichen Denkens in Mitteleuropa bedeutete. Zugleich konnten die Lehren Luthers aber auch als sozialrevolutionäre Thesen verstanden werden, das heißt, die Vorstellung von der ihm durch Gott gegebenen Freiheit und Würde des Menschen ließen sich durchaus auch auf den rein weltlichen Bereich übertragen. Aus dieser engen Verzahnung von Religion und Politik erwuchs eine Sprengkraft, die die Reformation in ihrem weiteren Verlauf zu einer Gefahr für die weltliche Ordnung machte. Außerdem erlangten die Menschen jetzt eine größere religiöse Autonomie. Schließlich bedurften sie entsprechend Luthers Losung *sola fide, sola gratia* (allein durch den Glauben, allein durch die Gnade Gottes wird der Mensch erlöst) für ihr Seelenheil nun nicht unbedingt mehr einer allzu großen Bindung an die Kirche. Dabei entwickelten sich die verschiedenen Formen des Protestantismus nicht durch vorgegebene Glaubensdoktrinen und Institutionen, sondern in der »alltäglichen Praxis verschiedener Verständigungsgemeinschaften, die den Glauben jeweils für sich interpretierten« (Rublack, S. 248).

Die Renaissance führte letztlich zur Herausbildung des abendländischen Rationalismus, dessen Bedeutung für die Gesellschaft heute außer auf politischem, wirtschaftlichem und sozialem Gebiet auch in der Auseinandersetzung mit anderen Kulturen und Religionen deutlich wird. Religionsfreiheit und Toleranz haben in den Verfassungen der westlichen Staaten inzwischen einen festen Platz. Die Entdeckungsfahrten und Eroberungen in der Zeit der Renaissance markierten außerdem den Beginn der Europäisierung der Welt – mit allen politischen Folgen, die dies hatte, zum Beispiel der jahrhundertelangen Vormachtstellung europäischer Staaten in der Welt und schließlich der noch heute dominierenden Stellung der USA als Weltmacht.

Kurzer Überblick über die historische Bewertung der Reformation bis heute

Da die Anfänge der Frühen Neuzeit schon einige Jahrhunderte zurückliegen und sich die Geschichtswissenschaft seit langer Zeit damit beschäftigt hat, sind ihre Deutungen und Wertungen mittlerweile ebenfalls Geschichte geworden. Sie verraten ihrerseits viel über die jeweilige Zeit, in der die Historiker lebten, den historischen Wandel, die politischen Entwicklungen und über das Wesen der Rekonstruktion und Interpretation historischer Ereignisse. Deshalb soll dieses Kapitel mit einem kurzen historischen Abriss dieser Deutungen zu gegenwärtigen Diskussionen hinführen, die im folgenden Kapitel »Kontroversen« an einigen Themen aufgezeigt werden sollen.

Im 19. Jahrhundert gab es entsprechend den konfessionellen Standorten der Autoren sowohl polemische als auch rechtfertigende Überzeichnungen der Reformation. Mit der Verfeinerung der kritischen Methode wurde das etwas besser, doch blieben die gegensätzlichen Blickwinkel bestehen. Für das katholische Bürgertum waren der Bauernkrieg und die Reformation ein gegen den Katholizismus gerichteter Revolutionskrieg. Der Freiheitsheld der Protestanten, Luther, verlor an Glanz, je mehr die ethisch-soziale Haltung des Luthertums und die gesellschaftlichen und politischen Veränderungen seit dem 19. Jahrhundert sich auseinanderentwickelten. Dies zeigt, dass Luther mehr war als nur eine historische Gestalt, denn im Alltag gingen die konfessionellen Auseinandersetzungen weiter. Dennoch wurde die Betrachtung der Rolle Luthers auf katholischer Seite nach und nach objektiver, und auch eine Mitschuld der Katholiken an der Spaltung der Kirche wurde zunehmend anerkannt.

Im Vormärz, den Jahren vor der Revolution von 1848, wuchs vor allem das Interesse an den Bauernkriegen als revolutionärer Bewegung, und in der Darstellung der historischen Ereignisse spiegelten sich immer auch die verschiedenen politischen Standpunkte der Betrachter, ob sie nun konservativ, liberal, demokratisch oder frühsozialistisch eingestellt waren. Einen festen Platz hatte die Reformationsbewegung auch im nationalen Denken zur Zeit des Liberalismus des 19. Jahrhunderts, auch wenn dies im wesentlichen auf das Großbürgertum beschränkt blieb. Sie galt als Anfang einer nationalen Entwicklung, und Luther wurde zum nationalen Helden stilisiert. So sahen zum Beispiel die Burschenschaften auf dem Wartburg-Fest 1817 die Reformation nicht nur als theologische und konfessionelle, sondern ebenso als politische und nationale Bewegung des deutschen Volkes. Die Erfüllung dieser nationalen Bestrebungen sahen viele schließlich in der Reichsgründung von 1871.

Durch den marxistischen Historischen Materialismus wurden die Reformation und die Bauernkriege ganz neu bewertet. In der Reformation habe das Bürgertum in einer frühbürgerlichen Revolution gegen den Feudalismus gekämpft. Als Führungsfigur taugte Luther dazu nicht, vielmehr stand Thomas Müntzer im Mittelpunkt. Luther war nur ein bürgerlicher Reformator, während Müntzer schon als ein Vorläufer des proletarischen Klassenideologen angesehen wurde. Nach 1945 wurde in der DDR diese Sichtweise übernommen, Müntzers Reformation als »Volksreformation« bezeichnet, jene Luthers dagegen als Reformation durch die Obrigkeit. Diese Reformation sei nur ein Vorspiel und eine Voraussetzung für die Volksreformation, also den Bauernkrieg, gewesen. Die DDR sah sich als Erbin dieser ersten Revolution; wozu Müntzer den Grundstein gelegt habe, das habe sich nun erfüllt. Es bestanden somit starke Differenzen zur früheren bürgerlichen Geschichtsschreibung, die zwar die religiösen, wirtschaftlichen und politisch-rechtlichen Beweggründe der Reformatoren gewürdigt, jedoch kein Verständnis für die gewaltsame Erhebung der Bauern gehabt hatte. Sie wurden als »Verführte«, manchmal sogar als »Lumpenproletariat« bezeichnet.

Im Dritten Reich wiederum wurden die Bauern sehr viel positiver beurteilt. Für die Nationalsozialisten war die Bauernschaft der »Nährstand« und – vorindustriell und rassistisch gedacht – die Keimzelle des »Völkischen«. In den Bauernkriegen habe sie gegen das spätrömische (soll heißen: christliche) Recht und den (Früh-)Kapitalismus gekämpft, der als von Juden betriebene Ausbeutung der Arier gesehen wurde.

Nach 1945 wurde im Westen Deutschlands der Bauernkrieg weder als eine Erhebung der ausgebeuteten Massen gesehen noch als demokratische Bewegung, sondern als eine Neustrukturierung der mittelalterlichen Gesellschaft auf der Grundlage genossenschaftlicher Verbände. Er sei kein Aufstand gegen die Obrigkeit gewesen, sondern ein Aufstand für die genossenschaftliche Selbstverwaltung und gegen das Territorialprinzip der Fürsten. Die bürgerlichen Aufstände in den Städten blieben bei diesem Blickwinkel allerdings außen vor.

Mittlerweile wird die geschichtliche Dimension der Reformation darin gesehen, dass durch Luthers Reformation eine neue Epoche in Europa eingeleitet worden sei. Die dabei gewonnene religiöse Selbständigkeit und Eigenverantwortung der Menschen habe zu einem generellen Aufblühen der Bildung und des Wissens geführt. Luthers Bibelübersetzung habe nicht nur die Herausbildung einer deutschen Hochsprache bewirkt, sondern auch Übersetzungen ins Flämische, ins Schwedische, ins Dänische, Isländische, Finnische, Französische und ins Englische angeregt. Diese Bibelübersetzungen förderten wiederum die Identität dieser Völker und haben damit auch eine politische Wirkung entfaltet.

Die Impulse der marxistischen Geschichtsforschung und die Deutung der Reformation als frühbürgerlicher Revolution breiteten sich erst in den 1970er Jahren teilweise auch in der westdeutschen Geschichtsschreibung aus. Dazu hatte nicht zuletzt auch die Veränderung des Gesamtklimas in den Ost-West-Beziehungen durch die Entspannungspolitik in jenem Jahrzehnt beigetragen. Heute konzentriert sich das Interesse der Historiker auf die geistigen und weltlichen Ausgangsbedingungen der Reformation und die Wirkungen, die von ihr ausgegangen sind. Auch die neueren theologischen Forschungen, die das Neue an der Theologie Luthers hervorheben, blicken dabei gleichwohl auch auf deren Voraussetzungen in der spätmittelalterlichen Theologie und Frömmigkeit. Die Reformation wird nunmehr, etwa von Hamm/Welker (S. 2 ff.), nicht mehr als zeitlich mehr oder minder begrenztes Ereignis, sondern als längerer Transformationsprozess gesehen. Auch die Bewertung des Bauernkriegs, ein sehr umstrittenes Feld der Geschichtsforschung, läuft durch die Hervorhebung einzelner Reformatoren wie Luther und Müntzer Gefahr, der Komplexität dieses Ereignisses nicht gerecht zu werden (Oberman 1974, S. 3). Das Scheitern der »Volksreformation« ist nach der vorherrschenden Sicht darauf zurückzuführen, dass die Reformation die »im Volk begründete Bewegung, den Bauernkrieg, erstickt« habe (Oberman 1987, S. 15). So habe sie sich willig in die Hände der protestantischen Fürsten begeben und konnte nur noch in begrenzten Gebieten überleben.

Nach Mörke (S. 137) ist die Forschung zur Reformation inzwischen durch die »Verklammerung« von Theologie, Politik und Gesellschaft »zu einer im umfassenden Sinn gesellschaftsgeschichtlichen Synthese« gelangt und hat damit ein funktionierendes »Erklärungsmodell« für die Voraussetzungen und den Verlauf der Reformation und ihren Wandlungsprozess zwischen 1517 und 1555 gefunden. Vor allem aufgrund von Impulsen aus Frankreich und Großbritannien erfolgte eine stärkere Hinwendung zu sozial- und wirtschaftsgeschichtlichen Fragestellungen und zu kulturwissenschaftlichen und historisch-anthropologischen Interpretationsansätzen. Unbestritten sind heute auch der Zusammenhang und das Zusammenwirken von geistlicher und weltlicher Geschichte.

Minimalkonsens ist bei aller unterschiedlichen Bewertung zudem, dass »der ersten Hälfte der 1520er Jahre als Schlüsselphase der Formierung der Grundkonzepte reformatorischer Theologie« eine zentrale Bedeutung für die folgende Entwicklung zukommt, die sich dann auch auf gesellschaftlichem und politischem Gebiet ausgewirkt hat (Mörke, S. 138). Doch wie die Denk- und Verhaltensweisen der einfachen Leute davon beeinflusst wurden, bleibt vorerst im Unklaren. Was die Durchsetzung der Reformation anbelangt, konzentriert sich die Forschung auf die obrigkeitlich-herrschaftliche Ebene. Wie sich die Menschen die neue Konfession angeeignet haben, ist dagegen noch nicht ausreichend untersucht worden.

II Kontroversen

1 Kann die Renaissance als eigenständige Epoche angesehen werden?

Die Periodisierung stellt in der Geschichtsbetrachtung immer ein Problem dar. Denn mit welchen Kriterien definiert man die Grenze zwischen zwei Epochen? So sind auch bei der Abgrenzung von Mittelalter und Renaissance (Beginn der Neuzeit), die erst Mitte des 19. Jahrhunderts mit der Einführung dieser Begriffe vorgenommen wurde, die Kriterien in der Forschung umstritten, und es wird von einigen Wissenschaftlern bezweifelt, dass die Renaissance eine eigenständige Epoche sei. Nach Peter Burke beispielsweise war die Renaissance nur eine Bewegung; der Begriff lasse sich im allgemeinen Sinne als Zeit der Veränderung auf den Zeitraum von 1000 bis 1800 beziehen (Burke 1996, S. 42, 44). Ist jedoch nicht die gesamte Zeit der Geschichte eine mehr oder weniger dichte Zeit der Veränderungen? Auch wird die Meinung vertreten, dass kulturgeschichtliche Epochen niemals trennscharf abgegrenzt werden können (so zum Beispiel Schneider, S. 30 ff.). Aus dieser Perspektive wird auch der Übergang von der Renaissance zum Barock als fließend angesehen. Beide Epochenbegriffe seien umstritten, sowohl was ihre zeitliche Begrenzung anbetrifft als auch ihre inhaltliche Bestimmung (Buck, S. 429 ff.). Die Renaissance könne auch nicht als eine kulturelle Revolution im Sinne eines plötzlichen Bruchs mit der Vergangenheit betrachtet werden, sondern nur als eine graduelle Entwicklung. Die Veränderung im Denken, in der Kunst, das neue Menschenbild der Humanisten habe zu der Zeit keine weiten Bevölkerungsschichten erfasst, da hierzu nicht nur Lese-, sondern auch Latein- und Griechischkenntnisse Voraussetzung waren.

Wenngleich die neuen Vorstellungen noch nicht allgemein

verbreitet waren, verweisen die Vertreter des Epochencharakters der Renaissance auf nachweisliche Neuerungen, wie zum Beispiel den zunehmenden Individualismus dieser Zeit, der sich deutlich am Aufkommen von Biographien, Porträts und der Demonstration von persönlicher Macht und Reichtum zeige. Dies wird von der Gegenseite jedoch relativiert, da es Biographien – wenn auch seltener – schon im Mittelalter gegeben habe; auch lasse sich die Entdeckung des Individuums auf das 12. Jahrhundert vorverlegen. Außerdem könne man die Modernität des damaligen Menschen nicht messen, da die Quellen, über die wir heute verfügen, nur ein unscharfes Bild der Bewegung einer Elite bieten. Eine Epochengrenze sei aber anhand der Mentalität der Eliten nicht genau nachzuweisen. Auch der Hinweis auf das Aufkommen einer gewissen Rationalität zur Zeit der Renaissance wird als Kriterium für eine Grenze zwischen dem Mittelalter und der Neuzeit nicht vorbehaltlos akzeptiert, da das Interesse an genauen Zahlen, Schätzungen, Statistiken, am Zählen und Rechnen bereits im Mittelalter vorhanden gewesen sei. Dagegen wird von den Befürwortern einer klaren Epochenabgrenzung wiederum auf das Entstehen und die immer weitere Verbreitung des Frühkapitalismus als eines neuen Wirtschaftssystems verwiesen, das die Mentalität immer weiterer Kreise verändert habe.

Zwar lassen sich die Kriterien für einen Epochenwandel relativieren, doch ist es ein deutliches Zeichen für den Beginn einer neuen Epoche, wenn sich beispielsweise bestimmte Lebensformen oder Herrschafts- und Kommunikationsstrukturen zunehmend verbreiten, immer häufiger durchsetzen und zunehmend selbstverständlicher werden. Was die Kommunikationsformen betrifft, kann auf die zunehmende Alphabetisierung, die umfassendere Bildung und auf die Ausweitung des geographischen und geistigen Horizonts der Menschen verwiesen werden. Unstrittig scheint es auch, dass die Menschen zur Zeit der Renaissance mehr Aufmerksamkeit auf das Private gerichtet und stärkeres Bewusstsein für sich selbst entwickelt haben. Außerdem ist es eine gängige Sichtweise, dass der Prozess einer »Zivilisierung« der Gesellschaft auch die Herausbildung einer Zentralgewalt und die Einführung allgemeingültiger Gesetze ermöglicht hat. In dieser Entwicklung wird die Geburtsstunde moderner Denk- und Lebensformen gesehen, in deren Folge sich eine neue Auffassung der Welt und des Menschen durchzusetzen beginnt.

2 War die Reformation eine Folge der Renaissance?

»Die Reformation war keine notwendige Konsequenz der Renaissance«, meint zum Beispiel Oscar Schneider (S. 44 ff.), denn von der Notwendigkeit von Reformen sei man schon seit dem 14. Jahrhundert überzeugt gewesen. Die Reformierung der Kirche war ein schon lange vor der Renaissance erkennbarer und immer wiederkehrender Prozess. Als Beispiele dienen die Reformen von Cluny und die oben genannten Reformversuche von Konstanz und Basel. Auch Hamm/Welker (S. 2 ff.) bezeichnen die Reformation daher als einen langen Transformationsprozess. Was während der Renaissance an Neuem deutlich werde, sei schon im Spätmittelalter angelegt und ohnehin im Heranwachsen gewesen. Plöse und Vogler verweisen in ihrem *Buch der Reformation* außerdem darauf, dass die Zeit der Renaissance viele Aspekte gehabt habe nicht nur die Reformation, sondern eben auch neue Entwicklungen in der Kunst, der Kultur der Gebildeten, geographische Entdeckungen und das Aufkommen des Frühkapitalismus – kurzum vieles, das nichts mit der Reformation zu tun habe.

Auch ließe sich sagen, dass die Reformation und die Renaissance sich nur zum Teil überlappen, da zum Beispiel die Lehren

Luthers oft im Widerspruch zu jenen der Humanisten standen, vor allem seine Vorstellung von der Freiheit des Christenmenschen und dessen Abhängigkeit von der Gnade Gottes. Viele Humanisten, darunter auch Erasmus, wandten sich von der Reformation ab oder kehrten gar zur alten Kirche zurück. Von den bedeutenderen Humanisten stand nur Melanchthon Luther relativ nahe – von Ulrich von Hutten einmal abgesehen. Und auch Luther selbst blieb zu den meisten Humanisten auf Distanz.

Diesem Punkt kann jedoch entgegengehalten werden, dass der Einfluss des Humanismus auf die Denker, die für eine Reformation der Kirche offen waren, doch recht groß war, so zum Beispiel auf Zwingli. Auch Erasmus hat viele Anliegen Luthers, so etwa die textkritische Bearbeitung des Neuen Testaments, schon vorweggenommen. Als weiteres Merkmal für den Zusammenhang von Reformation und Renaissance gilt der Buchdruck, der für die massenhafte Verbreitung auch der reformatorischen Schriften sorgte und einen viel schnelleren und größeren Meinungsaustausch in den gebildeteren Kreisen ermöglichte. Die Diskussion verließ dadurch relativ rasch die Exklusivität der Gelehrtenzirkel und wanderte ins Volk. Auch die Aufwertung der Stellung, die dem einzelnen Gläubigen gegenüber Gott zukam, entsprach durchaus dem Menschenbild der Renaissance.

Ein enger Zusammenhang zwischen der Reformation und der Renaissance besteht nach Meinung vieler Forscher (zum Beispiel Rublack; Mörke) zudem darin, dass in dieser Zeit wirtschaftliche, soziale und politische Umwälzungen, mit denen Statusunsicherheiten einhergingen, in vielfältiger Weise verknüpft waren. Die Landesfürsten wurden immer mächtiger, strebten nach mehr Selbständigkeit und grenzten sich vom Kaiser ab. Dadurch trieben sie die Entwicklung von der Universalherrschaft zur modernen Territorialherrschaft und von der Universalkirche zur Landeskirche voran. Eben darin, dass die Entwicklungen in Religion und Politik eng zusammenhingen und sich gegenseitig vorantrieben, erkennen viele Forscher das Zusammenwirken von Reformation und Renaissance. Diese Sichtweise wird aber nicht von allen akzeptiert. Zum Beispiel MacCulloch (S. 861 ff.) interpretiert diese Prozesse als völlig unabhängig voneinander. Für ihn war die Reformation ausschließlich ein religiös-geistesgeschichtlicher Prozess, der kaum in die politischen und gesellschaftlichen Entwicklungen seiner Zeit eingebettet gewesen sei.

3 War der Bauernkrieg eine Folge der Reformation?

Schon relativ früh in der modernen Geschichtsschreibung waren die kontroversen Standpunkte zu dieser Frage formuliert: »Im ›Bauernkrieg‹ von 1525, der größten politisch-sozialen Massenbewegung der deutschen Geschichte, strömten Entwicklungen zusammen, die mit der reformatorischen Bewegung ihrem Ursprung nach nichts zu tun haben.« (Fuchs, S. 112) Die Gegenposition vertritt Kupisch: »Es wäre deshalb falsch, den deutschen Bauernkrieg als einen (von der Reformation) isolierten Vorgang … zu betrachten« (S. 75). Oberman (S. 16) spitzt diese Aussage noch zu, indem er feststellt: »Der Bauernkrieg wird als ureigenes Kind der Reformation bezeichnet.«

Die Vertreter der ersten These begründen ihre Meinung damit, dass es lokal begrenzte Bauernunruhen und Bauernkriege auch schon lange vor der Reformation gegeben habe. Auch die Entwicklungen, die zum Bauernkrieg von 1525 führten, hätten ihrer Meinung nach nichts mit der Reformation zu tun Es sei ausschließlich um mehr Gerechtigkeit bei der Bemessung der Abgaben und Dienstleistungen und der Behandlung der Bauern gegangen. Manche Historiker sind außerdem der Meinung, dass der Kampf eigentlich keine Erhebung gegen die Obrigkeit gewesen sei, sondern dass es lediglich um die Sicherung alter Rechte und um die Wiederherstellung des gemeinsam verwalteten genossenschaftlichen Verbandes (der Allmende) gegangen sei. Das könne man allein schon an den »Zwölf Artikeln« sehen, von denen nur der erste und der zwölfte Artikel einen religiösen Inhalt hätten, der von der Reformation geprägt sei. Auf der politischen Ebene sei der Bauernkrieg eine Konfrontation zwischen der Dorfgenossenschaft und dem mächtiger werdenden Territorialstaat gewesen.

Die Gegner dieser These verweisen darauf, dass vor allem der Regensburger Konvent 1524, bei dem die konsequente Durchführung des Wormser Edikts beschlossen und jede kirchliche Neuerung verboten wurde (s. S. 62), die ohnehin unruhigen und unzufriedenen Bauern zum Aufstand geführt habe. Einen Zusammenhang von Reformation und Bauernkrieg erklärt der Historiker Peter Blickle (1987, S. 9) damit, dass das von der Reformation verkündete »evangeliumsgemäße Leben« sowohl die unverfälschte Verkündigung des Evangeliums zur Förderung des Seelenheils bedeutet als auch als Orientierung für das weltliche Leben der Christen gedient habe. »Diese verpflichtende Kraft des Evangeliums für alle menschlichen Beziehungen« (Zimmermann, S. 7) betonten auch Erasmus, Zwingli und Müntzer – nicht aber Luther. Wie etwa Blickle feststellt, habe der daraus abgeleitete Begriff des »göttlichen Rechts« rasch den bisherigen Begriff »altes Recht« ersetzt, auf den sich die Bauern bei ihren sozialen Forderungen bisher berufen hatten. Dies mache deutlich, dass die Bauern auch ihre sozialen Forderungen als durch die reformatorische Verkündigung und die Berufung auf das Evangelium legitimiert angesehen hätten (Blickle 2004, S. 237). Beispielsweise hätten die Zwölf Artikel der Kemptner Bauern, die von anderen »Bauernhaufen« teilweise oder ganz übernommen wurden, ihre Grundlage, so die Argumentation der Bauern, in der Bibel gehabt, deren höchste

Autorität für das Leben der Menschen von den Reformatoren so oft betont worden sei.

Zu den zentralen Forderungen, die die Bauern auf der Grundlage der neuen Lehre der Reformation stellten, gehörten die freie Pfarrerwahl, eine reine und lautere Predigt des Evangeliums »ohne menschliche Zusätze« und die Aufhebung der Leibeigenschaft, die nicht im Einklang mit Gottes Willen stehe. Die Bauern glaubten, dass sich fast alle ihrer Forderungen auch mit der Heiligen Schrift belegen ließen – ob zu Recht oder zu Unrecht, spielt in diesem Zusammenhang keine Rolle. Oberman (1974, S. 159) spricht von einem »neuen reformatorischen Ferment«. Dieses »Ferment« führte zu einem größeren Selbstbewusstsein der Bauern, die folglich den Druck erhöhten, da sie sich auf Seiten einer gerechten und göttlichen Sache sahen. Auch der Autoritätsverlust der Kirche und der weltlichen Herrschaft durch die Reformation hatte dazu beigetragen.

Forscher, die sich gegen einen Zusammenhang von Bauernkrieg und Reformation aussprechen, verweisen dagegen auf die Tatsache, dass bei dem Versuch, das alte Recht wiederherzustellen, die Frontlinie nicht zwischen den beiden Konfessionen verlaufen sei, sondern zwischen den Bauern und ihren Herren. Gerade Luther aber habe vehement zum Widerstand gegen die Bauern aufgerufen, und auch andere maßgebliche Reformatoren hätten sich schon bald von den widerständigen Bauern abgewendet. Die Befürworter halten dem wiederum entgegen, dass diese Sicht eine Folge des Sieges der Fürstenreformation über die Volksreformation sei, durch den auch all jene Reformatoren, die sich auf die Seite der Bauern gestellt hatten, ausgeschaltet worden seien. Sobald aber Zwingli, Müntzer und die oberdeutschen Humanisten als »eigenständige« Reformatoren angesehen würden, müsse der Bauernkrieg als »Entfaltung der Reformation« verstanden werden (Blickle 2004, S. 244). Außerdem habe es in einigen Regionen enge Verbindungen der Bauernschaft mit der Täuferbewegung gegeben. Zugespitzt wird diese Position von Henry J. Cohn vertreten. Seiner Meinung nach war der Antiklerikalismus, der von Müntzer und anderen »Volksreformatoren« befeuert wurde, eine der wesentlichen Triebkräfte der Bauernkriege (1979, S. 30).

III Quellen

1
Machiavelli: Die Eigenschaften des Fürsten

Machiavelli war zeitlebens Republikaner. Als die Medici 1512 wieder an die Macht gekommen waren, musste er ins Gefängnis, wurde gefoltert und nach kurzer Zeit auf sein Landgut entlassen. Dort verfasste er seine Schrift Der Fürst, *mit der er das Wesen der Herrschaft beschreiben wollte. Die Abhandlung wurde aber oft als normativ, als Handlungsanleitung, missverstanden. So verfasste zum Beispiel der absolutistische Aufklärer Friedrich II. von Preußen, noch als idealistisch gestimmter Kronprinz, eine ausführliche Entgegnung, den* Anti-Machiavel.

XV. Von den Eigenschaften, derentwegen die Menschen und besonders die Fürsten gelobt oder getadelt werden

Es bleibt nun noch zu prüfen, von welcher Art das Verhalten eines Fürsten gegenüber seinen Untertanen und seinen Freunden sein muss. Da ich weiß, dass schon viele hierüber geschrieben haben, fürchte ich, für anmaßend gehalten zu werden, wenn auch ich darüber schreibe, insbesondere da ich bei der Erörterung dieses Themas von den Argumenten der anderen abweiche. Da es aber meine Absicht ist, etwas Nützliches für den zu schreiben, der es versteht, schien es mir angemessener, der Wirklichkeit der Dinge nachzugehen als den bloßen Vorstellungen über sie. Viele haben sich Republiken und Fürstentümer vorgestellt, die nie jemand gesehen oder tatsächlich gekannt hat; denn es liegt eine so große Entfernung zwischen dem Leben, wie es ist, und dem Leben, wie es sein sollte, dass derjenige, welcher das, was geschieht, unbeachtet lässt zugunsten dessen, was geschehen sollte, dadurch eher seinen Untergang als seine Erhaltung betreibt; denn ein Mensch, der sich in jeder Hinsicht zum Guten bekennen will, muss zugrunde gehen inmitten von so viel anderen, die nicht gut sind. Daher muss ein Fürst, wenn er sich behaupten will, die Fähigkeit erlernen, nicht gut zu sein, und diese anwenden oder nicht anwenden, je nach dem Gebot der Notwendigkeit.

Indem ich also die bloßen Vorstellungen über den Fürsten beiseitelasse und nur von seiner Wirklichkeit spreche, stelle ich zunächst fest, dass allen Menschen, wenn auf sie die Rede kommt, und besonders den Fürsten, da sie am höchsten stehen, einige solcher Eigenschaften zugeschrieben werden, die ihnen Tadel oder Lob eintragen. So wird der eine für freigebig gehalten, der andere für knauserig (wobei ich einen toskanischen Ausdruck benutze, denn »geizig« heißt in unserer Sprache auch derjenige, der aus Habsucht nach Besitz strebt; »knauserig« dagegen nennen wir denjenigen, der es zu sehr unterlässt, von seinem Besitz Gebrauch zu machen); manch einer wird für gebefreudig gehalten, manch einer für habgierig; mancher für grausam, mancher für milde; der eine für wortbrüchig, der andere für treu; dieser für weibisch und furchtsam, jener für ungestüm und mutig; der für menschenfreundlich, jener für hochmütig; der eine für ausschweifend, der andere für enthaltsam; dieser für aufrichtig, jener für hinterlistig; der für schroff, jener für nachgiebig; der eine für besonnen, der andere für leichtsinnig; dieser für fromm, jener für ungläubig und ähnliches mehr. Ich weiß wohl, dass ein jeder zugeben würde, es wäre am löblichsten, wenn ein Fürst von allen vorgenannten Eigenschaften nur diejenigen hätte, die für gut gehalten werden; da man sie aber weder alle besitzen noch vollständig verwirklichen kann, insofern die menschliche Natur dies nicht erlaubt, ist es nötig, dass er den schlechten Ruf derjenigen Laster zu vermeiden weiß, die ihn die Herrschaft kosten würden, und dass er sich auch vor solchen Lastern, die ihn nicht um die Herrschaft bringen würden, zu hüten versteht, wenn es ihm möglich ist; vermag er dies jedoch nicht, so kann er sich ihnen mit geringeren Bedenken überlassen. Auch darf es ihn dann nicht kümmern, in den Ruf solcher Laster zu geraten, ohne die er schwerlich seine Herrschaft bewahren könnte; wenn man nämlich alles genau betrachtet, wird man finden, dass manche Eigenschaft, die den Anschein der Tugend hat, bei ihrer Verwirklichung seinen Untergang herbeiführt, und dass manch andere, die den Anschein des Lasters hat, ihm bei ihrer Verwirklichung zu Sicherheit und Wohlbefinden verhilft.

[...]

XVIII. Inwieweit Fürsten ihr Wort halten müssen

Wie löblich es für einen Fürsten ist, sein Wort zu halten und aufrichtig statt hinterlistig zu sein, versteht ein jeder; gleichwohl zeigt die Erfahrung unserer Tage, dass diejenigen Fürsten Großes vollbracht haben, die auf ihr gegebenes Wort wenig Wert gelegt und sich darauf verstanden haben, mit List die Menschen zu hintergehen; und schließlich haben sie sich gegen diejenigen durchgesetzt, welche auf die Redlichkeit gebaut hatten.

Ihr müsst nämlich wissen, dass es zweierlei Kampfweisen gibt: die eine mit der Waffe der Gesetze, die andere mit bloßer Gewalt; die erste ist dem Menschen eigen, die zweite den Tieren; da aber die erste oftmals nicht ausreicht, ist es nötig, auf die zweite zurückzugreifen. Daher muss ein Fürst es verstehen, von der Natur des Tieres und von der des Menschen den rechten Gebrauch zu machen. Dies wird den Fürsten auf indirekte Weise von den antiken Geschichtsschreibern gelehrt, die berichten, Achill und viele andere Fürsten der Vorzeit seien dem Zentauren Chiron zur Erziehung übergeben worden, damit er sie unter seiner Zucht halte. Einen, der halb Tier, halb Mensch ist, zum Lehrmeister zu haben, soll nichts anderes besagen, als dass ein Fürst beide Naturen annehmen können muss und dass die eine ohne die andere nicht von Dauer ist.

Da also ein Fürst gezwungen ist, von der Natur der Tiere den rechten Gebrauch machen zu können, muss er sich unter ihnen den Fuchs und den Löwen auswählen; denn der Löwe ist wehrlos gegen Schlingen und der Fuchs gegen Wölfe. Man muss also ein Fuchs sein, um die Schlingen zu erkennen, und ein Löwe, um die Wölfe zu schrecken. Diejenigen, welche sich einfach auf die Natur des Löwen festlegen, verstehen hiervon nichts.

[...]

Für einen Fürsten ist es also nicht erforderlich, alle obengenannten guten Eigenschaften wirklich zu besitzen, wohl aber den Anschein zu erwecken, sie zu besitzen. Ich wage gar zu behaupten, dass sie schädlich sind, wenn man sie besitzt und ihnen stets treu bleibt; dass sie aber nützlich sind, wenn man sie nur zu besitzen scheint; so musst du milde, treu, menschlich, aufrichtig sowie fromm scheinen und es auch sein; aber du musst geistig darauf vorbereitet sein, dies alles, sobald man es nicht mehr sein darf, in sein Gegenteil verkehren zu können. Man muss nämlich einsehen, dass ein Fürst, zumal ein neu zur Macht gekommener, nicht all das befolgen kann, dessentwegen die Menschen für gut gehalten werden, da er oft gezwungen ist – um seine Herrschaft zu behaupten –, gegen die Treue, die Barmherzigkeit, die Menschlichkeit und die Religion zu verstoßen. Daher muss er eine Gesinnung haben, aufgrund deren er bereit ist, sich nach dem Wind des Glücks und dem Wechsel der Umstände zu drehen und – wie ich oben gesagt habe – vom Guten so lange nicht abzulassen, wie es möglich ist, aber sich zum Bösen zu wenden, sobald es nötig ist.

Ein Fürst muss also sehr darauf achten, dass nie ein Wort über seine Lippen kommt, das nicht von den vorgenannten fünf Eigenschaften geprägt ist, und dass er, wenn man ihn sieht und hört, ganz von Milde, Treue, Aufrichtigkeit, Menschlichkeit und Frömmigkeit erfüllt scheint. Und es gibt keine Eigenschaft, deren Besitz vorzutäuschen notwendiger ist, als die letztgenannte. Die Menschen urteilen im allgemeinen mehr nach dem, was sie mit den Augen, als nach dem, was sie mit den Händen wahrnehmen. Denn allen ist vergönnt zu sehen, aber nur wenigen, zu berühren. Alle sehen, was du scheinst, aber nur wenige erfassen, was du bist; und diese wenigen wagen nicht, der Meinung der vielen zu widersprechen, welche auf ihrer Seite die Majestät des Staates haben, der sie schützt; und bei den Handlungen der Menschen, zumal bei denen der Fürsten, derentwegen man kein Gericht anrufen kann, sieht man auf den Enderfolg. Lass nur einen Fürsten siegen und seine Herrschaft behaupten, so werden die Mittel dazu stets für ehrenvoll gehalten und von jedermann gelobt werden; denn der Pöbel lässt sich immer von dem Schein und dem Erfolg mitreißen; und auf der Welt gibt es nur Pöbel; die wenigen bewirken nichts, wenn die vielen [im Staat] einen Rückhalt haben.

D: Machiavelli, Niccolò: Der Fürst. Übersetzt von Philipp Rippel. Stuttgart: Reclam, 1986 [u ö.]. S. 66–68, 75–78.

2
Conrad Celtis über humanistische Bildung

In dieser Rede, die Celtis 1492 an der Universität Ingolstadt gehalten hat, wird nicht nur sein Einsatz für die humanistische Bildung deutlich, sondern auch sein nationaler Eifer, der sich in der Abwertung des Selbstwertgefühls anderer Nationen und der Betonung der Leistungen des eigenen Volkes zeigt.

Schafft aus der Welt den schlechten Ruf, den die Germanen seit alters bei griechischen, lateinischen und hebräischen Autoren hatten, wo jene uns Trunksucht, wildes Wesen, Grausamkeit und alles, was sonst noch am ehesten Eigenschaft eines Tieres oder Wahnsinnigen ist, zuschreiben. Ihr müßt euch sehr schämen, die Geschichtswerke der Griechen und Römer nicht zu kennen, noch mehr aber solltet ihr euch schämen, unseres Gebietes und Landes Lage, Gestirne, Flüsse, Berge, Altertümer und Völkerschaften nicht zu kennen.

[...]

Mit Scham erfüllen soll euch, so bitte ich, der Umstand, daß durch uns zwar viele denkwürdige Kriege geführt oder erfolgreich zu Ende gebracht wurden, [...] daß man aber niemanden unter euch heute findet, der die durch deutsche Tüchtigkeit vollbrachten Taten unsterblich macht, daß es aber sehr viele Ausländer geben wird, die in ihren Geschichtswerken, entgegen jedem Gesetz der Geschichtsschreibung, wie Ottern unsere Tüchtigkeit angiften, indem sie mit prunkhaftem Periodenbau und der Verführung ihrer Rede, um nicht zu sagen mit Erdichtungen und lügenhafter Erfindung – darin ist dieser Menschenschlag zu seinem eigenen Lobe überaus verschwenderisch – unsere ruhmvollen Taten herabsetzen.

[...]

Macht euch bewußt, bevor ihr euch der Rechtswissenschaft zuwendet, daß ihr viele Dinge kennen müßt, weil diese Wissenschaft euch über reine Vermutungen hinaus nichts lehren kann. Wenn Philosophen und Dichter, die ersten Theologen – wenn man den Alten glauben darf –, die Wildheit der unsteten und umherschweifenden Menschen durch Beredsamkeit gezähmt und sie aus Schlafstätten, wie das Vieh sie benützt, und aus Höhlen zu einem Leben in Städten und unter gemeinsame Dächer gebracht haben, sie religiöse Bindung, Gottesfurcht und Gottesdienst mit Hilfe vieler verschiedener Beweise lehrten und sodann mit Gesetzen und Institutionen regierten: wer von euch, erhabenste Väter, wird dann zweifeln, daß man sich vor dem Rechtsstudium zuerst um die wahre Philosophie sehr bemühen muß und besonders um die Dinge, durch welche man die Beredsamkeit erwirbt, die nach eurem Eingeständnis für die Jurisprudenz unumgänglich notwendig ist? Daher werdet ihr bald sehen, daß diejenigen an keinem geringen Irrtum leiden und die Keime vieler Übel einschleppen, die wider jede Philosophie – ich meine nicht jene lächerliche – als oberste Richter und Priester auftreten, ohne zu bedenken, von welcher Art die Gesetzgeber früherer Jahrhunderte waren, die am Tage als Richter und Krieger vollauf beschäftigt waren, alle Nächte aber auf das Studium der Philosophie verwandten.

[...]

Ich werde auch keinen anderen Grund für die andauernde Blüte Italiens anführen als den, daß seine Bewohner uns allein durch den glücklichen Umstand ihrer Liebe zu den Wissenschaften und im Bemühen um diese übertreffen.

[...]

Eine Schande ist es, daß man solches über euch, die Herren des römischen Reiches, lesen muß und daß dieser Zustand bis zum heutigen Tage fortdauert, es sei denn, einer wollte mir mit dem Hinweis auf die große Zahl der Universitäten begegnen, derer vierzehn sich bei uns finden, und behauptete, daß deswegen die Barbarei beseitigt und für gute Gesittung sowie ehrenvolle Künste gesorgt und der Weg dahin frei sei, da uns das Volk schmeichelt, wenn wir mit unseren Magister- und Doktortiteln prahlen, wo man doch unter uns – ich sage es mit Tränen – wenige finden wird, die sich um ein echtes Erkennen der Welt, ein Erforschen der Natur und um die Reinheit der römischen Sprache bemühen oder sie gar besitzen, während bei solchen Studien, wie wir sie treiben, um nicht zu sagen, bei solchen Spielereien, diejenigen sich nicht entfalten können, welche die Dichter und Schriftsteller römischer Sprache ausdeuten, und diejenigen gleichsam als ehrlos gelten, die das Schöpfungswerk der Natur und die Weisheit ihres Lenkers mit mathematischem Wahrheitsanspruch erschließen und die etwas höher als das einfache Volk denken.

D: Conradi Celtis Protucii: Panegyris ad duces Bavariae. Mit Einl., Übers. und Kommentar hrsg. von Joachim Gruber. (Gratia. Tübinger Schriften zur Renaissanceforschung 41.) Wiesbaden: Harrassowitz Verlag, 2004. S. 23–33. –

3
Ulrich von Hutten über humanistische Bildung

Diesen Brief über die humanistische Bewegung schrieb Hutten 1518 entgegen seiner Gewohnheit in lateinischer Sprache an den Humanisten und Patrizier Willibald Pirkheimer in Nürnberg.

Du erwähnst dies in deinem Brief, wo du schreibst, daß die sogenannten Theologen gegen uns Gott weiß was für Klagen erhoben haben. Ich weiß nicht, ob es besser ist, ihre Unverschämtheit zu verachten oder sie empört zu tadeln und zu bestrafen, da die Frechheit ihres heillosen Treibens bis ins Unermeßliche gestiegen ist. Doch schien es mir neuerlich richtig, keine Nachsicht mit ihnen zu üben, nichts mit Schweigen zu übergehen und in der Verteidigung der Sache, deren Verfechtung ich mit solchem Eifer übernommen habe, nichts unversucht zu lassen. Wenn nicht besonnen, so werde ich diese Sache doch mit äußerster Anstrengung betreiben. Wir sehen, wie wichtig es ist, dieses Unkraut auszureißen, diesen Tintenfisch auszumerzen, damit die glückliche Pflanze der wahren Wissenschaft hervorsprießt und sich so weit wie möglich ausbreitet; damit, wie ich sage, diejenigen vernichtet werden, die sich als drohende Wolken vor das strahlende Licht der aufgehenden Sonne der freien Bildung schieben und versuchen, dieses Licht des wahren Glanzes bei seinem Aufgang zu verdunkeln, ja es zum Erlöschen zu bringen. Die schönen Künste mögen wieder aufleben, und wir mögen mit Griechen und Lateinern in beiden Sprachen verkehren. Deutschland soll sich mit Kultur bekleiden und die Barbarei über die Garamanten und das Baltische Meer hinaus ausgezischt und verstoßen werden.

[...]

Erasmus hat das ganze Gebiet am Rhein mit der Bildung von Griechisch und Latein besät und in ganz Niederdeutschland die Gemüter so erregt, daß es den Wettkampf mit Italien aufnehmen kann. Wie Reuchlin sein Schwaben veredelt und mit dieser Zierde geschmückt hat, so hast du mit außerordentlichem Geschick die Jugend deiner Stadt für Bildung interessiert. Ein Beispiel dafür sind deine Verwandten, die Geuders, die dank deiner Bemühung Griechisch und Latein vortrefflich beherrschen. Du hast sie zuerst zu Hause unterrichtet und es als Patrizier nicht verschmäht, die vorgekaute Speise in die Münder der Knaben zu stopfen. Danach hast du sie nach Italien geschickt. Als deine Mitbürger dies sahen, haben sie es dir nachgemacht, indem sie sich von dir überzeugen ließen, wie richtig es sei, sich unterrichten zu lassen und zu lernen. Dies erreichtest du vorsätzlich, dem ich es als ersten Glücksfall zuschreibe, daß du in der Stadt geboren bist, die immer als erste von allen deutschen Städten eine Fülle guter Köpfe beherbergt hat, die sie ehrt, und immer aufs beste zu den schönen Wissenschaften eingestellt war und dies so lange allein.

[...]

Wilhelm Budaeus, der edelste Gelehrte und gelehrteste Adlige in Frankreich, arbeitet an seinen Anmerkungen zu den Pandekten. Ich bin vor Freude in die Luft gesprungen, als ich es erfuhr. Hier haben wir gleichzeitig zwei Herkulese, die Vernichter entsetzlicher Seuchen und gewissermaßen dreimal Abwehrer der Übel, Budaeus und Erasmus, und ich würde alles eher tun, als einen Vergleich zwischen ihnen anstellen. Jener hat in Frankreich die Nachkommenschaft des Accursius bekriegt und das ganze Geschlecht der Bartholisten ausgerottet, dieser die Barbaren, die den Rauch der Theologie verhalten, angegriffen und unterdrückt, hat der Heiligen Schrift das Tageslicht zurückgegeben und Helligkeit hereingelassen. Dazu noch Faber, der mit der Erklärung des Aristoteles die Philosophie geschickt aufgebaut hat. Denke an Copus und Ruellius. Dieser edierte Dioskorides, jener Galenus. O Jahrhundert, o Wissenschaften! Es ist eine Lust zu leben, wenn auch noch nicht in der Stille. Die Studien blühen, die Geister regen sich. Barbarei, nimm dir einen Strick und mach dich auf Verbannung gefaßt.

D: Ulrich von Hutten: Deutsche Schriften. Hrsg. und mit Anm. versehen von Peter Ukena. Nachwort von Dietrich Kurze. Übersetzung des Pirckheimer-Briefes von Annemarie Holborn. München: Winkler, 1970. S. 319–321, 340. –

4
Rubeanus: Ein Brief von Dunkelmännern

Die Dunkelmännerbriefe (Epistolae obscurorum virorum) *wurden von Unterstützern Reuchlins 1515–1517 als vermeintliche Entgegnungen auf die Verteidigungsschrift Reuchlins veröffentlicht. Sie waren fiktiv an Ortwin Gratius gerichtet, Haupt der gegen Reuchlin polemisierenden Kölner Theologen und Dominikaner. Die Schreiber dieser Briefe karikierten das Mönchslatein und die Unmoral der Klostergeistlichkeit auf sehr derbe Weise, um die Gegner Reuchlins der Lächerlichkeit preiszugeben.*

Johannes Arnoldi grüßt vielmals den Magister Ortvinus Gratius.

Sintemal und alldieweilen Ihr immer etwas Neues zu haben wünschet, nach dem Ausspruche des Aristoteles: »Alle Menschen sind von Natur wißbegierig«, derowegen sende ich, Johannes Arnoldi, Euer Schüler und untertäniger Diener, Ew. Herrlichkeit oder Ehrwürden hier ein Büchlein, das ein gewisser Lotterbube verfaßt und darin den Herrn Johannes Pfefferkorn in Köln, einen ohne allen Zweifel untadelhaften Mann, an den Pranger gestellt hat. Ich wurde höchst unwillig darüber, konnte aber nicht verhindern, daß er es drucken ließ, da jener Geselle hier viele Gönner hat, auch Adelige, und sie ziehen, bewaffnet mit langen Schwertern, wie aufgeblasene Kröten durch die Straßen. Aber ich sagte dennoch, das sei nicht recht; denn Ihr müßt es Euch merken, daß jene weltlichen Poeten mit ihren Dichtereien noch viele Wirren anstiften werden, wenn die *magistri nostri*[1] nicht wohl achtgeben und sie nicht durch Magister Jacob van Hochstraten vor die römische Kurie zitieren. Und ich fürchte, es wird eine große Verwirrung im katholischen Glauben entstehen. Daher bitte ich Euch, Ihr wollet ein Buch gegen jenen Unruhestifter verfassen und ihm empfindlich zu Leibe gehen. Dann wird er in Zukunft nicht mehr so frech sein, die *magistri nostri* seinen Stachel fühlen zu lassen, da er ein bloßer Geselle ist und weder promoviert, noch die Prüfung in der Rechtswissenschaft oder den freien Künsten bestanden hat, obgleich er sich in Bologna aufhielt, wo sich auch viele weltliche Poeten befinden, die keinen Eifer haben und im Glauben nicht erleuchtet sind. Neulich saß derselbe bei Tisch und sagte, die *magistri nostri* in Köln und Paris täten dem Doktor Reuchlin Unrecht; ich aber hielt ihm Widerpart. Da quälte er mich mit vielen schlechten und ärgerlichen Reden,

1 (lat.) unsere Lehrer.

worüber ich so in Zorn geriet, daß ich vom Tisch aufstand, in Gegenwart aller gegen diese Beleidigungen protestierte und keinen Bissen mehr essen konnte. Nun sollt Ihr mir in obgenannter Sache Rat erteilen, weil Ihr ja zum Teil auch Rechtsgelehrter seid. Ich habe einige Strophen zusammengemacht, die ich Euch zusende:

Choriambisch, hexametrisch, sapphisch, jambisch, asklepiadisch, hendecasyllabisch, elegisch, dicolisch, distrophisch:

Wer gut katholisch ist, der halte fest an dem,
was zu Paris gelehrt wird, weil *der* Bildungsort
die Mutter aller Universitäten ist.
Zunächst dann kommt das heilige Köln: es steht so hoch
im Christenglauben, daß ihm keiner widerspricht,
der nicht die wohlverdiente Strafe leiden will,
wie Doktor Reuchlin, der den »Augenspiegel« schrieb,
dem *magister noster* von Tongern bewiesen hat,
daß er ein Ketzer sei, Jacob Hochstraten auch,
der sein Geschreib dem Feuer übergeben hat.

Wenn ich einen Beleg hätte, so wollte ich eine Schrift gegen jenen Windbeutel verfassen und dartun, daß er de facto exkommuniziert ist. Ich habe nicht mehr Zeit zum Schreiben, weil ich in die Vorlesung gehen muß, wo ein Magister sehr scharfsinnige Betrachtungen über die alte Kunst vorträgt, die ich höre, um mich vollends auszubilden. Lebet wohl, Ihr, den ich über alle meine Genossen und Freunde stelle, die hier und überall und an allen ehrenhaften Orten sind.

D: Briefe der Dunkelmänner. Übers. von Wilhelm Binder, rev. mit Anm. und Nachw. von Peter Amelung. München: Winkler, 1964. S. 27 f.

5
Die Lehren des Johannes Hus

Die reformatorische Lehre von Hus (wie auch die von Wyclif) blieb hundert Jahre vor Luther noch regional begrenzt, enthielt aber schon viele Reformansätze, die später auch von Erasmus von Rotterdam und Luther vertreten wurden.

1. Der Papst ist ein Bischof wie ein anderer Bischof über sein Bistum und nit weiter.
2. Ein Priester ist in aller Gewalt wie der andere und ist unter ihnen kein Unterschied. Welcher Priester besser ist als der andere, das liegt nit an der Prälatur, sondern an der Heiligkeit des Lebens.
3. Wenn eine Seele scheidet von dieser Welt, so hat sie allein zwei Wege, sie fährt sofort gen Himmel oder schnell zur Hölle, was man aber sagt von dem Fegfeuer (nach katholischer Lehre, so erklären die Hussiten), es sei kein Fegfeuer, sondern die Habgier der Pfaffen hab es erdacht, und es sei verloren Ding, daß man für die Toten bitte.
4. Man soll abtun alle Bildnisse, es sei zu Gottes Ehre oder der reinen Jungfrauen Marien oder der Heiligen usw.
5. Daß man Kerzen, Asche, Palmen, Weihwasser und auch die Taufe und ander Ding segne, sei ein lächerlicher Spott.
6. Die Bettelorden und Mönche hab der Teufel erdacht und gefunden.
7. Es sollen alle Priester arm sein und nichts haben denn das Almosen.
8. Wer predigen will, dem sei es erlaubt, er sei Laie oder Priester.
9. Man soll keine Sach leiden in der Christenheit, es seien Frauenhäuser, es sei Spiel, es sei Wucher oder was es sei, darum daß größeres Übel vermieden bleibe.

10. Wer in Todsünden ist, mag weder geistlicher noch weltlicher Richter sein und sei aller Freiheit beraubt, und niemand soll ihm gehorsam sein.
11. Firmung und letzte Tauf oder Ölung seien nit zu zählen unter die Sakrament.
12. Es sei eine Ursache zum Lügen, daß die Menschen dem Priester ins Ohr beichten.
13. Es sei genug, daß ein jeglicher Mensch in seinem Herzen Gott bekenne.
14. Man soll zur Taufe allein lauteres Wasser nehmen ohne Chrisam oder heiliges Öl.
15. Daß man die Leute in Kirchhöfen begrabe, sei nichts nutz, die Pfaffen haben es erdacht von Gewinnes wegen.
16. Es gelte gleich, wo die Körper zugedeckt werden.
17. Das geziemendste und größte Stift und Gotteshaus, darin Gott soll angebetet werden und die Toten begraben, sei die Welt; die aber Kirchen bauen und Klöster und Kapellen und Bethäuser, die wollen die göttliche Majestät in einen Winkel zwingen, als ob sie nit an allen Stätten könnt gleich gnädig sein.
18. Die zierlichen Gewänder, Meßgewänder, Altartücher, Kappen, Teppiche, Korporale, Kelch, Patenen, Rauchfaß seien unnütze und verlorene Kosten.
19. Ein Priester mag zu jeder Stunden und an allen Stätten das heilige und würdige Sakrament konsekrieren und sogleich denen geben, die es begehren.
20. Es braucht auch der Priester nicht mehr sprechen denn die Worte, darin die Kraft des Sakramentes liegt.
21. Es soll niemand weder die Jungfrau Maria, noch Engel, noch irgendwelche Heiligen anrufen, denn sie können niemand helfen.
22. Es sei eine verlorene Zeit, daß man die sieben Tagzeiten (das Chorgebet) singe oder spreche.

23. Man soll keinen Tag ohne Arbeit sein außer allein am Sonntag, und alle Tage, die den Heiligen zugesprochen sind, aufgeben.
24. Wer an den Tagen faste, die die Kirche angesetzt hat, der erwerbe keine Verdienste.

D: Johannes Bühler: Das deutsche Geistesleben im Mittelalter. Leipzig: Insel Verlag, 1927. S. 264–269.

6
Erasmus von Rotterdam: Kritik an kirchlicher Bevormundung der Laien

Diese Kritik an der Kirche und ihrem Verhalten gegenüber den Gläubigen aus dem Jahr 1516 macht deutlich, warum Erasmus als ein Vordenker und Initiator der Reformationsbewegung in Deutschland gilt.

Leidenschaftlich rücke ich von denen ab, die nicht wollen, daß die heiligen Schriften in die Volkssprache übertragen und auch von Laien gelesen werden, als ob Christus so verwickelt gelehrt hätte, daß er kaum von einer Handvoll Theologen verstanden werden könne, und als ob man die christliche Religion dadurch schützen könne, daß sie unbekannt bleibt. Es mag angehen, daß Könige ihre Geheimnisse verheimlichen, aber Christus will mit Nachdruck, daß seine Geheimnisse unter das Volk gebracht werden. Ich würde wünschen, daß alle Weiblein das Evangelium lesen, auch daß sie die Paulinischen Briefe lesen. Wären doch diese in die Sprachen aller Völker übertragen, damit sie nicht nur von den Schotten und Iberern, sondern auch von den Türken und Sarazenen gelesen und verstanden werden könnten. Der erste Schritt ist natürlich immer das Verstehen. Mögen auch viele lachen, einige werden es schon erfassen. Wenn doch der Bauer mit der Hand am Pflug etwas davon vor sich hin sänge, der Weber etwas davon mit seinem Schiffchen im Takt vor sich hin summte und der Wanderer mit Erzählungen dieser Art seinen Weg verkürzte! Da mögen die Christen all ihre Gespräche anknüpfen. Wir sind nämlich annähernd das, was unser tägliches Geplauder ist. Jeder suche zu erreichen, was er kann, jeder suche auszudrücken, was er kann. Wer etwas nachhinkt, beneide nicht den Fortgeschrittenen, der schon weiter ist; er lade den Nachfolgenden ein und verzage nicht. Warum beschränken wir den allen gemeinsamen Stand auf einige wenige? Das steht nämlich nicht mit der Tatsache in Einklang, daß die Taufe, durch die die erste Angelobung auf die Philosophie Christi vollzogen wird, in gleicher Weise allen Christen gemeinsam ist. Ebenso, daß alle übrigen Sakramente und schließlich auch der Lohn des ewigen Lebens in gleicher Weise allen zukommt; und nur die Lehre sollte auf diese wenigen verwiesen werden müssen, die das Volk heute Theologen und Mönche nennt. Von denen möchte ich aber sagen – sie machen zwar nur einen geringen Anteil an dem, was christliches Volk genannt wird, aus –, sie sollten doch in höherem Maße im Leben verwirklichen, was sie hören. Ich fürchte nämlich, man könnte unter den Theologen solche finden, die weit von ihrem Namen entfernt sind, das heißt, daß sie Irdisches, nicht Himmlisches reden; und unter den Mönchen solche, die die Armut Christi und die Verachtung der Welt mehr mit den Lippen bekennen, als daß sie sich von der Welt wirklich lösten. Der ist mir ein wahrer Theologe, der nicht mit künstlich zusammengedrechselten Syllogismen, sondern mit Herzenswärme, durch sein Antlitz, durch seine Augen, durch sein persönliches Leben lehrt, daß man den Reichtum verachten müsse, daß der Christ nicht auf den Schutz dieser Welt vertrauen solle, sondern sich ganz vom Himmel abhängig fühlen müsse; daß man kein Unrecht vergelten dürfe, daß man die Fluchenden segnen solle, daß man sich gute Verdienste um die erwerben müsse, die Schlimmes verdienen, daß man alle Guten wie die Glieder desselben Leibes lieben und in gleicher Weise hegen müsse; daß die Bösen ertragen werden müßten, wenn man sie nicht bessern könne. Jene, die ihrer Habe beraubt, die von ihren Besitzungen vertrieben werden, die trauern, die seien selig und nicht zu bejammern; auch jetzt schon müßten die Frommen den Tod herbeisehnen, wo dieser doch nichts anderes ist als ein Übergang zum ewigen Leben. – Wenn einer dieses und Ähnliches, vom Geiste Christi angetrieben, predigt, einschärft, dazu ermahnt, einlädt und ermuntert, der ist letzten Endes ein wahrer Theologe, und sei er auch ein Ackersmann oder Tuchweber. [...]

D: Erasmus von Rotterdam: Ausgewählte Schriften. Lat./Dt. 8 Bde. Hrsg. von Werner Welzig. Bd. 3: In Novum Testamentum Praefationes / Vorreden zum Neuen Testament. Ratio / Theologische Methodenlehre. Übers., eingel. und mit Anm. vers. von Gerhard B. Winkler. Darmstadt: Wissenschaftliche Buchgesellschaft, ²1990. S. 14–17. –

7
Auszug aus Luthers 95 Thesen

Die Ablasslehre hatte zu dieser Zeit noch keine Festlegung als Dogma erfahren. Daher ist es verständlich, dass Luther seine Kritik an dieser Praxis in einer Disputation mit kirchlichen Gelehrten begründen wollte. So wandte er sich am 31. Oktober 1517 mit seinem Thesenpapier an die kircheninterne Öffentlichkeit. 1518 ließ Luther den Empfängern eine ausführlichere Darstellung seiner Thesen, die er dem Papst gewidmet hatte, zukommen.

1. Da unser Herr und Meister Jesus Christus sagt: »Tut Buße« usw. (Matth. 4,17), wollte er, daß das ganze Leben der Gläubigen Buße sein sollte.
2. Dies Wort kann nicht von der sakramentalen Buße verstanden werden, d. h. nicht von der Beichte und der Genugtuung, die durch das priesterliche Amt vollzogen wird.
3. Aber es geht auch nicht auf das bloße innerliche Bußetun; dieses wäre vielmehr keine Buße, wirkte es nicht auch nach außen mancherlei Abtötung des Fleisches.
4. Daher bleibt auch die Strafe so lange, wie der Haß des Menschen gegen sich selbst, d. h. die wahre, innerliche Buße, bestehen bleibt, also bis zum Eintritt ins Himmelreich.
5. Der Papst will und kann keine Strafen erlassen als solche, die er nach seiner eigenen Entscheidung oder der der kirchlichen Satzungen auferlegt hat.
6. Der Papst kann keine Schuld anders erlassen als so, daß er erklärt und bestätigt, daß sie von Gott erlassen sei. Außerdem kann er sie in den ihm vorbehaltenen Fällen erlassen; wenn man ihn hier verachten würde, bliebe die Schuld voll bestehen.
7. Gott vergibt überhaupt keinem seine Schuld, ohne ihn gleichzeitig ganz und gar demütig dem Priester als seinem Stellvertreter zu unterwerfen.
8. Die kirchlichen Bußsatzungen sind nur den Lebenden auferlegt; den Sterbenden darf nach ihnen nichts auferlegt werden.
9. Daher tut uns der heilige Geist durch den Papst wohl, der in seinen Erlassen stets den Fall des Todes und der äußersten Not ausnimmt.
10. Jene Priester, die noch den Sterbenden kirchliche Bußstrafen für das Fegefeuer vorbehalten, handeln unwissend und schlecht.

11. Die Lehre, daß man kirchliche Bußstrafen in Strafen des Fegefeuers umwandeln könne, ist ein Unkraut, das augenscheinlich gesät wurde, als die Bischöfe schliefen (vgl. Matth. 13, 25 ff.).
12. Ehedem verhängte man die kirchlichen Strafen nicht nach, sondern vor der Lossprechung, um den Ernst der Reue daran zu prüfen.
13. Die Sterbenden werden durch den Tod von allem frei und sind den kirchlichen Satzungen bereits gestorben; denn deren Forderungen sind ihnen von Rechts wegen erlassen.
20. Wenn der Papst »vollkommenen Erlaß aller Strafen« erteilt, dann meint er damit nicht einfach sämtliche Strafen, sondern nur diejenigen, die er selbst auferlegt hat.
21. Daher irren all die Ablaßprediger, welche erklären, daß der Mensch durch den Ablaß des Papstes von jeder Strafe los und frei werde.
22. Vielmehr erläßt er den Seelen im Fegefeuer keine einzige Strafe, die sie zu Lebzeiten nach kirchlichen Satzungen hätten büßen müssen.
24. Folglich wird der größte Teil des Volkes betrogen, wenn man ihm schlankweg mit hohen Worten verspricht, er sei die Strafe los.
25. Dieselbe Gewalt, die der Papst über das Fegefeuer im allgemeinen hat, hat jeder Bischof und Geistliche für seinen Sprengel oder Pfarrbezirk im besonderen.
26. Der Papst tut sehr wohl daran, daß er nicht kraft seiner Schlüsselgewalt, die ihm hierfür gar nicht zusteht, sondern nur fürbittend den Seelen (im Fegefeuer) Nachlaß gewährt.

D: Luther Deutsch. Die Werke Martin Luthers. Hrsg. von Kurt Aland. Bd. 2. 2., durchgesehene Auflage. Göttingen: Vandenhoeck & Ruprecht, 1981. S. 32–51.

8
Ablassbrief zum Bau des Petersdoms in Rom

Vor der Verkündigung dieses Ablassbriefes im Jahr 1517 war Kurfürst Albrecht von Mainz, der gleichzeitig Erzbischof von Mainz und Magdeburg sowie Administrator von Halberstadt war, auf eigenen Wunsch zum päpstlichen Ablassverwalter in seinen Kirchenprovinzen bestellt worden.

Wir, Albrecht, von Gottes und des Apostolischen Stuhles Gnaden, des Heiligen Stuhles zu Mainz und der Kirche zu Magdeburg Erzbischof, Primas und des Heiligen Römischen Reiches in Deutschland Erzkanzler, Kurfürst und Administrator zu Halberstadt, Markgraf zu Brandenburg, zu Stettin und Pommern, der Kassuben und Wenden Herzog, Burggraf zu Nürnberg und Fürst zu Rügen; und der Vorsteher der Brüder des Minoriten-Ordens de observantia [= der Franziskaner der regelstrengen Richtung] des Konvents zu Mainz, und die von Seiner Heiligkeit unserm Herrn, dem Papst Leo X., nach der unten genannten Schrift besonders verordneten Nuntien und Kommissarien für die Erzbistümer Mainz und Magdeburg sowie für das weltliche Gebiet derselben und das Bistum Halberstadt, ebenso für die Landschaften und Städte, die mittelbar oder unmittelbar zur zeitlichen Herrschaft des durchlauchtigsten Fürsten und der durchlauchtigen Fürsten, der Herren Markgrafen von Brandenburg, gehören, wünschen allen und jeden Personen, die gegenwärtigen Brief sehen, ewiges Heil im Herrn.

Wir tun hiermit kund, daß Seine Heiligkeit unser Herr Leo, durch die göttliche Vorsehung der zehnte Papst, allen und jeden gläubigen Christen beiderlei Geschlechts, welche zum Bau der Basilika des Apostelfürsten, des heiligen Petrus von Rom, aufgrund unsres Erlasses ihre hilfreiche Hand bieten, außer vollkommenem Ablaß und andren Gnadenbeweisen und Freiheiten, welche gläubige Christen selbst erlangen können, gemäß des Inhaltes des obendrein ausgefertigten apostolischen Briefes, barmherzig im Herrn die Sünden vergibt und gestattet, daß sie sich als geeigneten Beichtvater einen weltlichen oder einen ordentlichen Priester irgendeines Bettelordens wählen dürfen. Welcher, nachdem er sorgfältig ihre Beichte gehört, sie für ihre Missetaten, Vergehen, Übertretungen und alle möglichen Sünden, mögen sie auch noch so schwer und böse sein – auch in den dem genannten Heiligen Stuhle reservierten Fällen, und von den kirchlichen Zensuren, auch wenn sie auf jemandes Ansuchen von einem Menschen angezeigt sind, mit Übereinstimmung der Parteien auch von den, aufgrund eines Interdiktes ausgeführten, Anschlägen, bezüglich deren die Absolution demselben Heiligen Stuhle besonders vorbehalten ist ... einmal im Leben und in der Todesstunde, so oft sie bevorsteht, auch wenn der Tod dann nicht eintritt, und in allen nicht vorbehaltenen Fällen, so oft er dies verlangen sollte – vollkommen absolvieren und ihnen eine heilsame Buße auferlegen, auch einmal im Leben und in der bezeichneten Todesstunde vollkommenen Ablaß und Erlaß aller Sünden gewähren und das heilige Sakrament zu allen Jahreszeiten spenden darf (ausgenommen am Ostertage und in der Todesstunde).

Auch soll er die von jenen bei einer Gelegenheit getanen Gelübde, welcher Art sie auch sein mögen (ausgenommen allein die Wallfahrt zum Besuche des Heiligen Landes und des heiligen Jakobus in Compostella und die Gelübde der Gottesfurcht und der Keuschheit), in andre fromme Werke zu verwandeln, kraft apostolischer Vollmacht imstande sein. Es gestattet auch Seine Heiligkeit unser Herr, daß die vorgenannten Wohltäter und ihre verstorbenen Eltern, welche in Liebe verschieden sind, der Fürbitten, frommen Werke, Almosen, Fasten, Gebete, Messen, Gebetsstunden und Übungen, Wallfahrten und aller übrigen geistigen Güter, welche in der ganzen allgemeinen und allerheiligsten streitbaren Kirche und von allen ihren Gliedern geschehen und geschehen können, jetzt und in Ewigkeit teilhaftig werden. Und weil nun die frommen Menschen, Michel Rodts Witwe, Peter und Adam Rodt, zum Bau und der Ausschmückung obengenannter Basilika des Apostelfürsten, gemäß der Absicht Seiner Heiligkeit unsres Herrn Papstes und gemäß unsres Erlasses durch Beisteuerung von ihren Gütern sich dankbar bewiesen und losgekauft haben, und zum Zeichen hierfür gegenwärtigen Ablaßbrief von uns empfangen haben –

so verleihen und gewähren wir ihnen durch gegenwärtigen Brief kraft ebenderselben uns übertragenen apostolischen Vollmacht, die wir hierbei gebrauchen, daß sie die genannten Gnadenerweisungen und den Ablaß benutzen und sich derselben freuen können und mögen.

Gegeben zu Göttingen unter dem von uns hierfür bestimmten Siegel am ersten Tag des Monats Juli im Jahre des Herrn 1517.

D: Detlef Plöse / Günter Vogler (Hrsg.): Buch der Reformation. Eine Auswahl zeitgenössischer Zeugnisse (1476–1555). Berlin (Ost): Union-Verlag, 1989. S. 151–153.

9
Luthers Rede am 18. April 1521

Nach der öffentlichen Verbrennung der päpstlichen Bulle in Wittenberg, mit der Luther der Bann angedroht worden war (1520), und der zunehmenden Begeisterung für den Reformator wurde er vor den Reichstag zu Worms geladen, um sich zu rechtfertigen.

Weil ich [...] ein Mensch bin und nicht Gott, so kann ich meinen Büchern keinen andern Schutz angedeihen lassen, als mein Herr Jesus Christus selbst seiner Lehre tat, der vor Hannas um seine Lehre befragt und vom Diener ins Gesicht geschlagen erklärte: Habe ich übel geredet, so beweise mir, daß es übel sei [Joh. 18,22 f.]. Wenn der Herr selbst, der wußte, daß er nicht irren konnte, es doch nicht verschmähte, selbst des niedersten Knechtes Zeugnis gegen seine Lehre zu hören, wievielmehr muß ich Knecht, in allem Tun dem Irrtum unterworfen, darum bitten und warten, ob einer Zeugnis bringt gegen meine Lehre. Und so bitte ich Eure geheiligte Majestät, Eure durchlauchtigsten Herrlichkeiten und jedermann, der es vermag, vom höchsten und niedersten Stand, um der Barmherzigkeit Gottes willen: Bringt Zeugnis, überführt mich des Irrtums mit den prophetischen und evangelischen Schriften. Denn wenn man mich eines Besseren belehrt, so bin ich freudig bereit, jeden Irrtum zu widerrufen, und will der erste sein, der meine Schriften ins Feuer wirft.

Aus all dem, denke ich, geht auch hervor, daß ich die ernste, eindringliche Mahnung, die gestern an mich gerichtet wurde, befolgt und die gefährlichen Bestrebungen, die Streitigkeiten, die meine Lehre in der Welt erweckt hat, genugsam berücksichtigt und erwogen habe. Ja es ist für mich das Erfreulichste von der Welt zu sehen, wie man um des Gotteswortes willen streitet. Denn das ist die Wirkung des Gotteswortes auf Erden, wie Christus sagt: Ich bin nicht gekommen, Frieden zu senden, sondern das Schwert, denn ich bin gekommen, den Menschen zu erregen gegen seinen Vater [Matth. 10,34 f.]. [...]

Das sag' ich aber nicht, so große Häupter zu belehren oder zu ermahnen, sondern weil ich meinem Vaterland den Dienst, den ich ihm schulde, nicht entziehen will.

Und damit befehle ich mich Eurer geheiligten Majestät und Euren Herrlichkeiten und bitte demütig, mich nicht wegen der

Bemühungen meiner Widersacher grundlos in Ungnade fallen zu lassen. Ich bin zu Ende.«

Hierauf erklärte der Sprecher des Reichstags in scheltendem Ton, ich habe nicht auf die Frage geantwortet. Auch dürfe ich nicht Dinge in die Erörterung ziehen, die längst auf den Konzilien verdammt und erledigt seien. Deshalb verlange man, ich solle einfach unumwunden antworten, ob ich widerrufen wolle oder nicht.

Darauf entgegnete ich: »Weil Eure geheiligte Majestät und Eure Herrlichkeiten es verlangen, so will ich eine schlichte Antwort geben, die weder Hörner noch Zähne hat: Es sei denn, daß ich durch das Zeugnis der Heiligen Schrift oder vernünftige Gründe überwunden werde – denn weder dem Papst, noch den Konzilien allein vermag ich zu glauben, da es feststeht, daß sie wiederholt geirrt und sich selbst widersprochen haben –, so halte ich mich überwunden durch die Schrift, auf die ich mich gestützt, so ist mein Gewissen im Gotteswort gefangen, und darum kann und will ich nichts widerrufen, weil gegen das Gewissen zu handeln gefährlich ist. Gott helf mir! Amen.«

D: Luther und der Wormser Reichstag 1521. Aktenstücke und Briefe. Zsgest. von Johannes Kühn (Voigtländers Quellenbücher 73). Leipzig: Voigtländer, 1914. S. 71–75.

10
Erklärung Kaiser Karls V. am 19. April 1521

Nach dieser Stellungnahme Kaiser Karls wurde Luther geächtet (Wormser Edikt).

Wie ihr wißt, stamme ich von den allerchristlichsten Kaisern der edeln deutschen Nation, den gläubigen Königen von Spanien, den Erzherzogen von Österreich und den Herzogen von

Burgund. Sie alle waren bis in den Tod treue Söhne der römischen Kirche; denn stets verteidigten sie den christlichen Glauben, die geheiligten Zeremonien, die Dekrete, Verordnungen und heiligen Bräuche zur Ehre Gottes, zum Wachstum des Glaubens und Heil der Seelen. Sie hinterließen Uns als natürliches Erbe die Erfüllung jener heiligen christlichen Pflichten, nach ihrem Beispiel zu leben und zu sterben; und in wahrer Nachahmung dieser Unserer Vorfahren haben Wir durch Gottes Gnade bisher gelebt. Aus diesem Grunde bin ich entschlossen, alles aufrecht zu erhalten, was meine Vorfahren und ich bis zum gegenwärtigen Augenblick aufrechterhalten haben, im besonderen die Bestimmungen meiner Vorfahren auf dem Konzil von Konstanz und sonst. Denn es ist gewiß, daß ein einziger Bruder irrt, dessen Meinung gegen die der gesamten, über tausend Jahre alten Christenheit steht – eine Meinung, nach der die Christenheit sich zu jeder Zeit im Irrtum befunden hätte. Deshalb bin ich ganz und gar entschlossen, hierfür meine Reiche und Herrschaften, meine Freunde, Leib und Blut, Leben und Seele einzusetzen. Denn es wäre eine große Schande für mich und für Euch, die Ihr die edle und berühmte deutsche Nation verkörpert, wenn zu unserer Zeit, während wir durch Privileg und hervorragende Stellung zu Verteidigern und Beschirmern des christlichen Glaubens eingesetzt sind, nicht Ketzerei, sondern [schon der bloße] Verdacht der Ketzerei oder Minderung der christlichen Religion infolge unserer Säumigkeit in die Gemüter der Menschen einziehe zu unserer und unserer Nachfolger dauernden Schande.

Und nachdem ich die Antwort Luthers gehört habe, die er gestern in unser aller Gegenwart gab, erkläre ich Euch, daß ich bereue, so lange das Vorgehen gegen Luther und seine falsche Lehre aufgeschoben zu haben, und daß ich entschlossen bin, ihn nicht weiter anzuhören. Sondern ich beabsichtige, ihn unverzüglich gemäß dem Wortlaut des Mandats zurückzusenden, unter Wahrung seines Geleites, doch unter der Bedingung, nicht zu predigen und das Volk in seiner schlechten Lehre zu unterweisen und keine Bewegung zu erregen. Und wie ich oben gesagt habe, bin ich entschlossen, gegen ihn als gegen einen offenkundigen Ketzer vorzugehen, und ich fordere Euch auf, in dieser Angelegenheit Euch als gute Christen zu erklären, wie Ihr zu tun gehalten seid und mir versprochen habt.

Von meiner Hand, am 19. April 1521.

Carolus.

D: Luther und der Wormser Reichstag 1521. Aktenstücke und Briefe. Zsgest. von Johannes Kühn (Voigtländers Quellenbücher 73). Leipzig: Voigtländer, 1914. S. 76 f.

11
Das Bündische Lied

Das Singen von eigens gefertigten Liedern bei besonderen Anlässen war schon immer eine häufige Praxis. Auch Aufständische solidarisieren sich durch solche Lieder und rechtfertigen ihre Ziele. Das Bündische Lied ist ein Beispiel dafür.

Ein Geier ist ausgeflogen
Im Hegau am Schwarzwald,
Der hat viel Junge erzogen
|:Bei den Bauern überall.:|
Sie sind aufrührig geworden
In deutscher Nation
Und haben ein' eignen Orden,
|:Vielleicht wird's gut ihnen gehn.:|

Was mag sein ihr Begehren,
Der braven Biederleut?
Es scheint der Wahrheit Stern,
|:Es ist jetzt reif die Zeit.:|
Es geschieht mit Gottes Willen,
Ist unserer Sünden Schuld,
Er kann und wird es stillen,
|:Gott geb uns Gnad und Huld.:|

Jetzt sing ich von den Bauren
Und ihrem Regiment.
Manch einer nennt sie Lauren (Schelme)
|:Und weiß noch nicht das End'.:|
Es tun's Schinder und Schaber,
Die treiben Übermut;
Hüt't euch, ihr Wucherknaben,
|:Es tut in die Läng' nicht gut!:|

[…]

Die Herrschaft tun sie schrecken,
Daß sie kaum weiß wo 'naus,
Die Bauern tun sie aufwecken
|:Und setzen ihnen tüchtig zu.:|
Es sind seltsame Kunden,
Sie wagen ihre Haut,
Sie haben ein' Sinn erfunden,
|:Wer hätt' ihnen das zugetraut.:|

Sie sind ins Feld gezogen,
Ihr keiner wollt' lassen ab,
– Ist wahr und nicht erlogen –
|:So mancher Bauernknab.:|

Sie haben zusammen geschworen,
Dem Adel leid zu tun,
Sie haben ihn arg geschoren,
|:Was wird ihnen werden zu Lohn?:|

Die Bauern sind einig geworden
Und kriegen mit Gewalt;
Sie haben einen großen Orden,
|:Sind aufständig mannigfalt:|
Und tun die Schlösser zerreißen
Und brennen Klöster aus:
So kann man uns nicht mehr bescheißen.
|:Was soll ein bös' Raubhaus?:|

Jetzt will ichs lassen bleiben.
Gott in der Ewigkeit
Er tut kein Mutwill treiben,
|:Fürwahr, es ist ihm leid,:|
Daß wir so übel leben
In diesem Jammertal.
Wer kann jetzt Frieden geben?
|:Nur seine göttliche Wahl (Bestimmung)!:|

D: Wolfgang Steinitz: Deutsche Volkslieder demokratischen Charakters aus sechs Jahrhunderten. Bd. I. Berlin: Akademie-Verlag, 1954. S. 14–16.

12
Thomas Müntzer: Prager Manifest

Müntzer entfaltet in diesem Text aus dem Jahr 1521 seine reformatorische Zielsetzung, die völlig anders ist als die Luthers und der anderen Reformatoren.

Ich Tomas Munczer von Stolbergk bekenne vor der ganczen kirchen unde der gantzcen welt […], das ich myt Christo unde allen auszerwelethen, dye mich von iugent auf gkant habe, bzeugen magk, das ich meynen allerhoͤcsten fleysz vorgwant habe, vor allen andern menschen, dye ich gkant habe, auff das ich moͤchte eyne hoͤcher unterricht ghabt adder[2] erlangt haben des heyligen unuberwintlichen christenglaubens. So hab ich alle meyne lebtag (Got weysz, das ich nit lyge) von keynem munch adder pfaffen mugen voͤrstehn dye rechte ubungk des glaubens, auch dye nutzbarliche anfechtung.

[…]

Dyssen untraglichen unde boͤszhafftigen schaden der christenheit haͤb ich bermlichen[3] czu herczen genommen myt gantczem fleysz dorch lesen der alten veter gschichte. Finde, das nach dem tode der apostln schuler, dye unbeflecte junffrawliche kirche ist dorch den geystlichen ebruch[4] czur hurn worden der glerthen halben[5], dye do ummer[6] wolln oben an sitczen […]. Dorch den vorhencklichen willen Gots ist dusz allsz czu glassen, auff das aller menschen werck mochten erfor kommen. Es saͤl abber, Goͤt sey gbenedeygt, nummer also czu gheen, das dye pfaffen unde affen solten dye cristliche kirche

2 oder.
3 aus Erbarmen.
4 Ehebruch.
5 (der) Gelehrten halber, wegen der Gelehrten.
6 immer.

seyn, sundern es solln dye auserweleten freunde Gots wort auch lernen prophetien, wye Paulus lernet, das sye mugen warhafftig erfaren, wye freuntlich Got ach so hertzlich gerne mit allen seynen auserwelten redet. Das ich solche ler mochte an tagk brengen, byn ich willick, umb Gots willen meyn leben czu opfern. Got wirt wunderlich dinck tun myt seynen auserweleten sunderlich yn dussem lande. Wan hyr wirdt dye new kirche anghen, dusz folck wirdt eyn spygel der gantczen welt seyn. Darumb ruff ich eynen itlichen menschen an, das er do czu helffe, das Gots wort mag vortediget werden. Unde auch das ich magk dyr sichtlich weysen dorch den geyst Helie, dye dich haben lernen opfern dem abgot Baal. Wirsthu das nicht tun, so wirt dich Got lassen dorch ten Turken ym czukunfftigem iar erslagen.

D: Müntzer, Thomas: Schriften und Briefe. Kritische Gesamtausgabe. Hrsg. von Günther Franz. Gütersloh: Mohn, 1968. S. 491–494.

13
Thomas Müntzer: Manifest an die Mansfelder Bergknappen

Mit diesem Aufruf rüttelte Müntzer noch einmal sein mittlerweile sehr klein gewordenes Häufchen von Anhängern zur letzten Schlacht bei Frankenhausen (am 15. Mai 1525) auf.

dran, dran, weyl das feur heis ist, Lasst ewr schwerd nicht kalt werden von blut, Schmidet pinckepanck auff den Ambos Nymrod[7], werfft yhn den Torm zu boden[8], Es ist nicht muͤglich, weil sie leben, das yhr der menschlichen furcht solt los

7 Siehe Altes Testament: Gen. 10,8 f.
8 werft ihnen den Turm (zu Babel) zu Boden.

werden, Man kan euch von Gott nicht sagen, die weyl sie uber euch regieren, dran, dran, dran, dieweyl yhr tag habt, Gott gehet euch fur, folgt. Die geschicht stehen beschrieben, Mat. 24 erkleert, Darumb last euch nicht abschrecken, Gott ist mit euch, wie geschrieben 2. Paralipo. 2. Dis sagt Gott, yhr sollt euch nicht furchten, yhr sollt disse grosse menge nicht schewen[9]. Es ist nicht ewer, sonder des HERRN streyt, yhr seyts nicht, die yhr streyttet, Stellet euch furwar menlich[10], yhr werdet sehen die hůlffe des HERRN uber euch. Da Josophat disse wort horte, da fiele er nidder, Also thut auch durch Gott, der euch stercke on[11] forcht der menschen ym rechten glauben. Amen. Datum Můlhausen Im .XXV. Jar.

Thomas Můntzer eyn knecht
Gottes widder die gottlosen.

D: D. Martin Luthers Werke. Kritische Gesamtausgabe (Weimarer Ausgabe). Bd. 18. Weimar: Böhlaus Nachfolger, 1908. S. 369.

14
Die Zwölf Artikel der oberschwäbischen Bauernschaft

Diese Zwölf Artikel aus dem Jahr 1525 waren, wie auch die weiteren, sich daran anlehnenden Forderungen der anderen Bauernhaufen, in der Sache und im Ton gemäßigt. Die Bauern verstanden sich als christlicher Stand und wandten sich, ohne Blut vergießen zu wollen, gegen die unerträglichen Belastungen.

9 scheuen.
10 fürwahr männlich, als wahre Männer.
11 ohne.

Dye Grundtlichen Vnd rechten haupt Artickel, aller Baurschafft vnnd Hyndersessen[12] der Gaistlichen vnd Weltlichen oberkayten[13], von wölchen sy sich beschwert[14] vermainen.

Der erst Artickel

Zum ersten ist vnser diemüttig bytt vnd beger, auch vnser aller will vnd maynung, das wir nun fürohin gewalt vnd macht wöllen haben, ain gantze gemain sol ain Pfarer selbs Erwölen vnd kyesen[15]. Auch gewalt haben den selbigen wider zuentsetzen[16], wann er sich vngepürlich hieldt, Der selbig erwölb Pfarrer soll vns das hailig Euangeli lauter vnd klar[17] predigen one allen menschlichen zu satz, leer vnd gebot, dann vns den waren glauben stetz verkündigen, geyt vns ain vrsach got vm sein gnad zu bitten, vnns den selbygen waren glawben einbylden vnd in vns bestetten[18], Dann wann seyn genad in vnß nit ein gepyldet wirdt, so bleyben wir stetz fleysch vnd blut, das dann nichts nutz ist, wie klärlich in der geschrifft stat[19] das wir allain durch den waren glauben zu got kommen kinden, vnd allein durch seyn barmhertzigkait sälig müssen werden, Darumb ist vns ain söllicher vorgeer vnd Pfarrer von nötten vnd in diser gestalt in der geschrifft gegrindt.

12 Hintersassen (von einem Grundherrn abhängige freie oder halbfreie Bauern).
13 Obrigkeiten.
14 belastet.
15 prüfen, auswählen (zusammen mit »Erwölen« ein Pleonasmus).
16 abzusetzen.
17 rein, ehrlich und verständlich.
18 bestärken, festigen.
19 Schrift steht.

Der ander artickel

Zum andern nach dem der recht Zehat[20] auff gesetzt ist im alten Testament und im Neuen als erfüldt, nichts destminder wöllen wir den rechten korn zehat gern geben, Doch wie sich gebürt: dem nach man sol in Got geben, vnd den seynen mitaylen, gebürt es ainem Pfarrer so klar das wort gots verkindt, Seyen wir des willen hinfüro disen zehat, vnser kirch Bröpst[21] so dann ain gemain setzt, Sollen einsemmlen vnd eynnemen, daruon ainem Pfarrer so von ainer gantzen gemain erwölt wirt, seyn zymlich gnugsam auffenthalt geben, jm vnd den seynen, nach erkantnus ainer gantzen gmain, vnnd was über bleybt sol man (armen dürfftigen, so im selben dorff verhanden seynd) mittailen, nach gestalt der sach vnd erkantnus ainer gemain, was über bleybt soll man behaltten, ob man Raysen müßt von lands not wegen. Darmit man kain landts steüer dürff auff den armen man legen, Sol manß von disem überschuß außrichten, [...] Den klaynen zehat wöllen wir gar nit geben, Dann Got der herr hat dz vich[22] frey dem menschen beschaffen, das wir für ain vnzymlichen zehat schetzen, den die menschen erdicht haben, Darumb wöllen wir jn nit weytter geben.

Der drit artickel

Zuem dritten, Ist der brauch byßher gewesen das man vns für jr aigen leüt[23] gehalten haben, wölchs zu erbarmen ist, angesehen das vns Christus all mitt seynem kostparlichen plutvergüssen, erlößt vnnd erkaufft hat, Den Hyrtten gleych alls wol alls Den

20 Zehnt.

21 Kirchenpröpste (kirchlicher Amtstitel: Vorgesetzter anderer Geistlicher).

22 das Vieh.

23 für ihre (der Grundherren) Eigenleute (Abhängige oder Leibeigene).

höchsten[24], kain außgenommen, Darumb erfindt sich mit der geschryfft das wir frey seyen vnd wöllen sein. Nit dz wir gar frey wöllen seyn, kain oberkait[25] haben wellen, Lernet[26] vnß Gott nit. Wir sollen in gepotten[27] leben, nit yn freyem fleyschlichen mutwilen, sonder got lieben, jn als vnserrn Herren jn vnsern nechsten erkennen, vnnd alles das thon, so wyr auch gern hetten, das vnns Got am nachtmal gepotten hat zu ainer letz. Darumb sollen wir nach seinem gepot leben: zaigt vnd weißt vns diß gepot an das wir der oberkkait nit korsam seyen? nit allain der oberkait, sunder wir sollen vns gegen jederman diemütigen, das wir auch geren gegen vnser erwelten vnd gesetzten oberkayt (so vns von Got gesetzt) jn allen zimlichen vnd Christlichen sachen geren gehorsam sein, seyen auch onzweyfel jr werdendt vnß der aigenschafft als war vnnd recht Christen geren endtlassen oder vns jm Euangeli des berichten dz wirß seyen.

Der Viert Artickel

Zum vierten ist bißher jm brauch gewesen, dz kayn armer man nit gewalt gehabt hatt, das willpret[28] gefigel oder fisch jn fliessenden wasser nit zu fachen[29] zue gelassen werden, welchs vns gantz vnzymlich vnd vnbrüderlich dunckt, sun der aigennützig[30] vnd dem wort Gotz nit gemeß sein, Auch in etlichen orttern die oberkait vns dz gewild zu trutz vnd mechtigem schaden[31] haben, wir vns dz vnser (so Got dem menschen zu nutz wachsen hat lassen) die vnuernüfftigen thyer zu vnutz verfret-

24 den Hirten ebenso wie den Höchsten.
25 Obrigkeit.
26 lehrt.
27 Gebote.
28 Wild(-bret).
29 fangen.
30 sondern eigennützig.
31 zum Trotz und großen Schaden.

zen mutwilligklich[32], leyden müssen, dar zu stillschweigen, das wider Gott vnd dem nechsten ist, Wann als Gott der herr den menschen erschuff, hat er jm gewalt geben vber alle thier, vber den fogel im lufft vnd vber den fisch jm wasser. Darumb ist vnser begeren wann ainer wasser hette dz ers mit gnugsamer schrifft beweysen mag das man das wasser in wyssenlych also erkaufft hette, begeren wir jms nit mit gewalt zu nemen Sunder man müst ain Christlich eynsechen darynnen haben von wegen brüderlicher lieb, aber wer nit gnugsam anzaigen darumm kan thon, solß ainer gemayn zymlicher weyß mittailen[33].

Der Funfft artickel

Zum fünfften seyen wir auch beschwert der holtzung halb, dann vnsere herschafften habend jnenn die höltzer alle allain geaignet, vnd wann der arm man was bedarff muß ers vmb zway geldt kauffen, ist vnnser maynung: was für höltzer seyen, Es habens geistlich oder weltlich jnnen die es nit erkaufft haben, sollen ayner gantzen gemain wider anhaim fallen, vnd ainer gemayn zimlicher weiß frey sein, aim yetlichen sein noturfft jnß hauß zu brennen vmm sunst lassen nemen, auch wann von nöten sein wurde zu zymmern auch vmm sunst nemen, doch mit wissen der so von der gemain darzu erwelt werden. So aber kains verhanden wer, dann das so redlich erkaufft ist wordenn, Sol man sich mit den selbigen briederlich vnd Christelich vergleichen, Wann aber das gut am anfang auß jnen selbs geaygnet wer worden vnd nachmals verkaufft worden, Sol man sich vergleichen nach gestalt der sach vnd erkantnuß briederlicher lieb vnd heiliger geschrifft.

32 uns das Unsere … die unvernünftigen Tiere unnützerweise mutwillig wegfressen.

33 soll es einer Gemeinde, wie sichs gebührt, zuteil werden lassen.

Der Sechst artickel

Zum sechsten ist vnser hart beschwerung der dyenst halben wölche von tag zu tag gemert werden vnd teglich zu nemen, begeren wir das man ain zimlich einsechen darein thue, vnß der massen nit so hart beschweren, Sonder vns gnedig hier jnnen ansechen wie vnser Eltern gedient haben allain nach laut des worts gots.

Der sybent Artickel

Zuem sibenden dz wir hinfüro vns ain herschafft nit weyter wölle lassen beschweren[34], sondern wieß ain herschafft zymlicher weiß aim verleycht[35] also sol erß besitzen laut der verainigung des herren vnd bauren, Der herr soll jn nit weiter zwyngen noch dryngen, mer dyenst noch anders von jm vmb sunst begeren, Darmit der Baur solych gutt onbeschwert als rüeblich[36] brauchen vnd niessen[37] müg, ob aber dem herren dienst von nötten weren, sol jm der baur willig vnd gehorsam für ander sein, doch zue stund vnd zeyt, das dem bauren nit zu nachtail dyen, vnnd jme vmb aynen zymlichen pffenning denst thun.[38]

Der Achtet Artickel

Zum achten sey wir beschwert, vnd der vil, so güter jnnen haben, das die selbigen güter die gült nit ertragen kinden[39] vnd

34 künftig uns von einer Herrschaft nicht weitere Lasten auferlegen lassen.
35 sinngemäß: sondern unter den Bedingungen, unter denen die Herrschaft gebührenderweise einem ein Gut verleiht.
36 ruhig.
37 nutzen.
38 und ihm gegen eine angemessene Bezahlung zu Diensten sein.
39 die Pachtzinse nicht aufbringen können.

die Bauren das jr darauff einbiessen vnd verderben[40]. das die herschafft dieselbigen güter, Erberleüt[41] besichtigen lassen vnd nach der billikayt[42] ain gylt erschöpff[43], damit der baur sein arbait nit vmb sunst thye, dann ain yetlicher tagwercker ist seyns lons[44] wirdig.

Der Neundt Artickel

Zum neunten seyen wyr beschwertt der grossen frefel[45], so man stetz new satzung macht, nit dz man vnß strafft nach gestalt der sach, sunder zu zeyten auß grossem neyd[46], vnd zu zeytten auß grossem gunst[47], Ist vnser maynung, vns bey alter geschribner straff straffen, darnach die sach gehandelt ist, vnd nit nach gunst.

Der Zehent Artickel

Zum zehenden sey wir beschwert, das etlich haben jnen zuegeaignet wisen[48], der gleichen ecker, die dann ainer gemain zu geherendt[49], Dieselbigen werden wir wider zue vnsern gemainen handen nemen, Es sey dann sach das mans redlich erkaufft hab, wann mans aber vnbillycher weyß erkaufft het, Sol man sich gütlich vnnd briederlich mit ainander vergleychen nach gestalt der sach.

40 das Ihre darauf einbüßen und zugrunde gehen.
41 ehrbare Leute.
42 Gerechtigkeit.
43 einen Pachtzins festlegen.
44 seines Lohns.
45 Frevel.
46 sondern zeitweilig aus großer Gehässigkeit.
47 Gunst, aus einer Laune heraus.
48 (etliche Herren) sich Wiesen angeeignet haben.
49 Gemeinde gehören (zur allgemeinen Nutzung, s. Allmende).

Der Aylfft Artickel

Zum ailften wellen wir den brauch genant den todt fall[50] gantz vnd gar abthun haben, Den nimmer leiden noch gestatten, das man witwen waisen das jr wider Got vnd eeren, also schentlich nemen berauben sol, wie es an vil ortten (menigerlay[51] gestalt) geschehen ist, [...] sunder sol gantz absein, kain mensch nichts hinfiro schuldig sein zu geben, weder wenig noch vyl.

Beschluß

Zum zwelften ist unser beschluß vnd endtlyche maynung, wann ainer oder mer Artickel alhie gesteldt[52] (So dem wort Gotes nit gemeß) weren, als wir dann nit vermainen, die selbigen artickel, wol man vns mit dem wort Gots für vnzimlich anzaigen[53], wolt wyr daruon abston[54], wann mans vns mit grundt der schrifft erklert. Ob man vns schon etlich artickel yetz zu lyeß, vnd hernach sich befendt das vnrecht weren, sollen sy von stundan todt vnd absein, nichts mer gelten, der gleichen ob sich in der schrifft mit der warhait mer artickel erfunden, die wider Got vnd beschwernus des nächsten weren, wöll wir vnns auch vorbehalten, vnnd beschlossen haben, vnnd vns in aller Christlicher leer yeben vnd brauchen, darumb wir Gott den herren bitten wöllen, der vns das selbig geben kan vnnd sunst nyemant, Der frid Christi sey mit vns allen.

D: Die zwölf Artikel der Bauern 1525. Kritisch hrsg. von Alfred Götze. In: Historische Vierteljahresschrift 5 (1902) S. 1–33, hier: S. 10–15.

50 der Todfall (Abgabe an den Grundherrn nach dem Tod des Bauern).
51 vielerlei.
52 aufgestellt, aufgeführt.
53 aufgrund des Wortes Gottes als ungebührlich aufzeigen.
54 davon Abstand nehmen.

15
Martin Luther: Ermahnung zum Frieden auf die Zwölf Artikel der Bauernschaft in Schwaben (An die Fürsten)

Luther wollte zwischen den Interessen und Positionen der Fürsten und denen der Bauern vermitteln.

Ist euch nun noch zu raten, meine Herren, so weicht ein wenig um Gottes Willen dem Zorn. Einem trunkenen Mann soll ein Fuder Heu ausweichen; um wieviel mehr sollt ihr das Toben und die störrige Tyrannei lassen und mit Vernunft an den Bauern handeln, wie an den Trunkenen oder Irrenden. Fangt nicht Streit mit ihnen an, denn ihr wißt nicht, wo das Ende bleiben wird. Versuchts zuvor gütlich, weil ihr nicht wißt, was Gott tun will, auf daß nicht ein Funke angehe und ganz Deutschland anzünde, daß niemand löschen könnte. Unsre Sünden sind da vor Gott, derenthalben wir seinen Zorn zu fürchten haben, wenn gleich nur ein Blatt raschelt (3. Mose 26,36), geschweige denn, wenn ein solcher Haufe sich regt. Verliert ihr doch mit der Güte nichts; und wenn ihr etwas dran verlöret, kann es euch hernach im Frieden zehnfältig wieder werden, während ihr mit Streit vielleicht Leib und Gut verliert. Warum wollt ihr euch in die Gefahr begeben, wenn ihr wohl auf andre gute Weise mehr Nutzen schaffen möchtet?

Sie haben zwölf Artikel aufgestellt, unter welchen etliche so billig und recht sind, daß sie euch vor Gott und der Welt die Ehre nehmen und den Psalm (107,40) wahr machen, daß sie Verachtung über die Fürsten schütten. Doch sind sie fast alle auf ihren Nutzen und ihnen zu gut aufgestellt und nicht aufs beste ausgeführt. Ich hätte wohl andre Artikel gegen euch aufzustellen, die Deutschland und (weltlich) Regiment allgemein betreffen, wie ich im Buch an den deutschen Adel getan habe, woran wohl mehr gelegen wäre. Aber weil ihr die in den Wind geschlagen habt, müßt ihr nun solche eigennützigen Artikel hören und leiden, und geschieht euch eben recht, denen nichts zu sagen ist.

Den ersten Artikel, da sie begehren, das Evangelium zu hören und das Recht, einen Pfarrherrn zu erwählen, könnt ihr nicht mit irgendeinem Schein (des Rechts) abschlagen: obwohl der Eigennutzen mit unterläuft, daß sie vorgeben, solchen Pfarrherrn mit dem Zehnten zu erhalten, der nicht ihrer ist. Dennoch ist das die Summa, man solle ihnen das Evangelium predigen lassen. Dawider kann und soll keine Obrigkeit (sein). Ja, Obrigkeit soll nicht wehren, was jedermann lehren und glauben will, es sei Evangelium oder Lügen; (es) ist genug, daß sie Aufruhr und Unfrieden zu lehren wehrt.

Die andern Artikel, welche leibliche Beschwerung anzeigen, wie durch den sog. Leibfall, Auflagen und dergleichen, sind ja auch billig und recht, da die Obrigkeit nicht deshalb eingesetzt ist, damit sie ihren Nutzen und Mutwillen an den Untertanen suche, sondern (dazu, daß sie) Nutzen und das Beste bei den (ihr) Untertänigen schaffe. Nun ists ja auf die Dauer nicht erträglich, so Geld einzutreiben und zu schinden. Was hülfs, wenn eines Bauern Acker so viel Gulden wie Halme und Körner trüge, wenn die Obrigkeit nur desto mehr nähme, und das Gut so verschleuderte mit Kleidern, Fressen, Saufen, Bauen und dergleichen, als wäre es Spreu? Man müßte ja der Verschwendung wehren und das Ausgeben stopfen, damit ein armer Mann auch etwas behalten könnte. Weitere Unterrichtung habt ihr aus ihren Schriften wohl vernommen, worin sie ihre Beschwerungen genügend vorbringen.

D: Luther Deutsch. Die Werke Martin Luthers. Hrsg. von Kurt Aland. Bd. 7. 3., durchgesehene Auflage. Göttingen: Vandenhoeck & Ruprecht, 1983. S. 166 f.

16

Martin Luther: Ermahnung zum Frieden auf die Zwölf Artikel der Bauernschaft in Schwaben (An die Bauernschaft)

Luther grenzte seine Reformation entschieden von der Auffassung der Bauern ab, die die Konsequenzen der Reformation auf ihren Alltag übertragen wollten.

Ja, sagt ihr, die Obrigkeit ist zu böse und unleidlich; denn sie wollen uns das Evangelium nicht lassen und drücken uns allzu hart mit zeitlicher Güter Beschwerung und verderben uns so an Leib und Seele. Antworte ich: Daß die Obrigkeit böse und unrecht ist, entschuldigt keine Zusammenrottung noch Aufruhr. Denn die Bosheit zu strafen, das gebührt nicht einem jeglichen, sondern der weltlichen Obrigkeit, die das Schwert führt, wie Paulus Röm. 13,4 und Petrus 1. Petr. 2,13 sagt, daß sie zur Strafe der Bösen von Gott verordnet ist.

[...]

Die Obrigkeit nimmt euch unbillig euer Gut, das ist eine Sache. Andererseits nehmt ihr derselben ihre Gewalt, darinnen all ihr Gut, Leib und Leben besteht, deshalb seid ihr viel größere Räuber als sie und habts ärger vor, als sie getan hat. Ja, sagt ihr, wir wollen ihr Leib und Gut genug lassen. Das glaube, wer da will, ich nicht! Wer so viel Unrecht zu wagen sich herausnimmt, daß er einem mit Frevel die Gewalt nimmt, das größte und Hauptstück, der wirds auch nicht lassen, er wird ihm das andere und geringste, das dran hängt, auch nehmen.

[...]

Auch ist das nicht wahr, daß ihr euch rühmt, nach dem Evangelium zu lehren und zu leben. Ist doch (bei euch) kein Artikel da, der ein einziges Stück vom Evangelium lehrte, sondern alles ist dahin gerichtet, daß ihr euer Leib und Gut freihabt. Und in Summa, sie handeln alle von weltlichen, zeitlichen Sachen: daß ihr Gewalt und Gut haben wollt, nichts an Unrecht zu leiden, obwohl doch das Evangelium sich um weltliche Sachen gar nicht kümmert und das äußerliche Leben allein unter Leiden, Unrecht, Kreuz, Geduld und Verachtung zeitlicher Güter und Leben stellt.

D: Luther Deutsch. Die Werke Martin Luthers. Hrsg. von Kurt Aland. Bd. 7. 3., durchgesehene Auflage. Göttingen: Vandenhoeck & Ruprecht, 1983. S. 170 f., 181.

17
Martin Luther: Wider die räuberischen und mörderischen Rotten der Bauern

Die Gewalt, die sowohl von den Herren als auch von den Bauern ausging, interpretierte Luther so, dass die Bauern sich gegen den Willen Gottes stellten, da sie die gottgewollte Ordnung zerstören wollten. Die Gewalt der Herren hielt er für legitim, da sie diese Ordnung verteidigten. Deshalb schrieb er diesen wütenden Brief 1525 kurz nach der noch milden Ermahnung zum Frieden *(Quelle 16).*

Wider die stürmenden Bauern   Martinus Luther.

Im vorhergehenden Büchlein wagte ich die Bauern nicht zu verurteilen, weil sie sich zu Recht und besserer Unterrichtung erboten; wie denn Christus Matth. 7,1 gebietet, man solle nicht verurteilen. Aber ehe denn ich mich umsehe, fahren sie (darüber hinaus) fort und greifen mit der Faust drein, unter Vergessen ihres Erbietens, rauben und toben und tun wie die rasenden Hunde. Daran sieht man nun gut, was sie in ihrem falschen Sinn gehabt haben, und daß es lauter erlogen Ding gewesen sei, was sie unter dem Namen des Evangeliums in den zwölf

Artikeln vorgewandt haben. Sie treiben kurzum reines Teufelswerk, und insonderheit ists der Erzteufel (Thomas Müntzer), der zu Mühlhausen regiert und nichts als Raub, Mord, Blutvergießen anrichtet, wie denn Christus Joh. 8,44 von ihm sagt, daß er ein Mörder von Anbeginn sei. Nun sich denn solche Bauern und armen Leute verführen lassen, und anders tun, als sie geredet haben, muß ich auch anders von ihnen schreiben, und ihnen als erstes ihre Sünde vor ihre Augen stellen, wie Gott Jesaja (Jes. 58,1) und Ezechiel (Hes. 2,7) befiehlt, ob sich etliche (als schuldig) erkennen wollten, und danach der weltlichen Obrigkeit Gewissen, wie sie sich hierin verhalten sollen, unterrichten.

Dreierlei greuliche Sünden gegen Gott und Menschen laden diese Bauern auf sich, womit sie den Tod an Leib und Seele mannigfaltig verdient haben: Zum ersten, daß sie ihrer Obrigkeit Treue und Gehorsam geschworen haben, ihr untertänig und gehorsam zu sein, wie Gott solches gebietet, da er Luk. 20,25 sagt: »Gebet dem Kaiser, was des Kaisers ist«, und Röm. 13,1: »Jedermann sei untertan der Obrigkeit« usw. Weil sie aber diesen Gehorsam mutwillig und frevelhaft brechen und sich dazu gegen ihre Herren empören, haben sie damit Leib und Seele verwirkt, wie die treulosen, meineidigen, lügenhaften, ungehorsamen Buben und Bösewichte zu tun pflegen. […]

Zum zweiten, daß sie Aufruhr anrichten, frevelhaft Klöster und Schlösser berauben und plündern, die nicht ihnen gehören, womit sie, wie die öffentlichen Straßenräuber und Mörder, allein wohl zwiefältig des Todes an Leib und Seele schuldig sind. Auch ist ein aufrührerischer Mensch, von dem man das bezeugen kann, schon in Gottes und kaiserlicher Acht, so daß recht und gut tut, wer den am ersten töten kann und mag. […]

Zum dritten, daß sie solche schreckliche, greuliche Sünde mit dem Evangelium bemänteln, daß sie sich christliche Brüder nennen, Eid und Huldigung abnehmen und die Menschen zwingen, es bei solchen Greueln mit ihnen zu halten. Damit werden sie die allergrößten Gotteslästerer und Schänder seines heiligen Namens, und ehren und dienen so unter dem Vorgeben des Evangeliums dem Teufel, womit sie wohl zehnmal den Tod an Leib und Seele verdienen, so daß ich von häßlicherer Sünde nie gehört habe [...].

Weil denn nun die Bauern beide, Gott und Menschen, gegen sich aufbringen und so mannigfaltig schon des Tods an Leib und Seele schuldig sind und sich keinem Schiedsgericht stellen noch es abwarten, sondern immerfort toben, muß ich hier die weltliche Obrigkeit unterrichten, wie sie hierin mit gutem Gewissen verfahren solle. Erstens: der Obrigkeit, welche da, ohne vorhergehendes Erbieten zu Recht und Billigkeit (d. h. zu Vergleichsverhandlungen) solche Bauern schlagen und strafen kann und will, will ich nicht wehren, wenn sie (damit) auch das Evangelium nicht befolgt. Denn sie hat das gute Recht (dazu), sintemal die Bauern nun nicht mehr um das Evangelium fechten, sondern offenbar geworden sind als Treulose, Meineidige, Ungehorsame, Aufrührerische, Mörder, Räuber, Gotteslästerer, welche auch eine heidnische Obrigkeit zu strafen Recht und Macht hat, ja geradezu schuldig ist, solche Buben zu strafen. Denn deshalb trägt sie das Schwert und ist Gottes Dienerin gegenüber denen, die Übles tun, Röm. 13,4.

[...]

Darum, liebe Herren, erlöset hier, rettet hier, helft hier, erbarmt euch der armen Menschen: steche, schlage, töte hier, wer da kann. Bleibst du drüber tot, wohl dir, seligeren Tod kannst du nimmermehr finden. Denn du stirbst im Gehorsam göttlichen Wortes und Befehls, Röm. 13,4 ff., und im Dienst der Liebe, deinen Nächsten aus der Hölle und des Teufels Banden zu erretten. So bitte ich nun, fliehe weg von den Bauern, wer da kann, wie vom Teufel selbst. Die aber nicht fliehen, bitte ich, Gott wolle sie erleuchten und bekehren. Welche aber nicht zu bekehren sind, da gebe Gott, daß sie kein Glück noch Gelingen haben können. Hier spreche ein jeglicher frommer Christ: Amen. Denn dies Gebet ist recht und gut und gefällt Gott gut, das weiß ich. Dünkt das jemand zu hart, der bedenke, daß Aufruhr unerträglich ist und alle Stunde der Welt Zerstörung zu erwarten sei.

D: Luther Deutsch. Die Werke Martin Luthers. Hrsg. von Kurt Aland. Bd. 7. 3., durchgesehene Auflage. Göttingen: Vandenhoeck & Ruprecht, 1983. S. 191–197.

18
Martin Luther: Von weltlicher Obrigkeit

Zur Abgrenzung seiner Reformation von den Rechtfertigungen sozialer Forderungen oder gar Unruhen stellte Luther 1523 klar, welche theologische Bedeutung der Obrigkeit zukommt.

Deshalb hat Gott die zwei Regimente verordnet: das geistliche, welches durch den heiligen Geist Christen und fromme Leute macht, unter Christus, und das weltliche, welches den Unchristen und Bösen wehrt, daß sie gegen ihren Willen äußerlich Friede halten und still sein müssen. […]

Wenn nun jemand die Welt nach dem Evangelium regieren und alles weltliche Recht und Schwert aufheben und vorgeben wollte, sie wären alle getauft und Christen, unter welchen das Evangelium kein Recht noch Schwert haben will, (bei denen es) auch nicht nötig ist: Lieber, rate, was würde der machen? Er würde den wilden, bösen Tieren die Bande und Ketten auflösen, daß sie jedermann zerrissen und zerbissen, und daneben vorgäben, es wären feine, zahme, kirre Tierlein. Ich würde es aber an meinen Wunden wohl fühlen (was sie in Wirklichkeit sind). So würden die Bösen unter dem christlichen Namen die evangelische Freiheit mißbrauchen, ihre Büberei treiben und sagen, sie seien Christen und keinem Gesetz noch Schwert unterworfen, wie jetzt schon etliche toben und närrisch behaupten.

Diesen muß man sagen: Ja freilich ists wahr, daß Christen um ihrer selbst willen keinem Recht noch Schwert untertan sind, noch seiner bedürfen; aber siehe zu und mach die Welt zuvor voll rechter Christen, ehe du sie christlich und evangelisch regierst. Das wirst du aber nimmermehr tun, denn die Welt und die Menge sind und bleiben Unchristen, ob sie gleich alle getauft (sind) und Christen heißen. Aber die Christen wohnen, wie man sagt, fern voneinander. Deshalb ists in der Welt nicht möglich, daß ein christliches Regiment sich über alle Welt erstrecke, ja, nicht einmal über ein Land oder eine große Menge. Denn der Bösen sind immer viel mehr als der Frommen. Ein ganzes Land oder die Welt mit dem Evangelium zu regieren sich unterfangen, das ist deshalb ebenso, als wenn ein Hirt in einen Stall Wölfe, Löwen, Adler, Schafe zusammentäte und ein jegliches frei neben dem andern laufen ließe und sagte: Da weidet und seid rechtschaffen und friedlich untereinander, der Stall steht offen, Weide habt ihr genug, Hunde und Keulen braucht ihr nicht zu fürchten. Hier würden die Schafe wohl Frieden halten und sich friedlich so weiden und regieren lassen, aber sie würden nicht lange leben, noch würde ein Tier vor dem andern bleiben.

Deshalb muß man diese beiden Regimente mit Fleiß voneinander scheiden und beides bleiben lassen: eines, das fromm macht, das andere, das äußerlich Frieden schaffe und bösen Werken wehret. Keines ist ohne das andere genug in der Welt.

[...]

Jetzt hab ichs gesagt, daß die Christen untereinander und bei sich und für sich selbst keines Rechts noch Schwerts bedürfen; denn es ist ihnen nicht nötig noch von Nutzen. [...] Nun das Schwert aber aller Welt ein großer nötiger Nutzen ist, daß Friede erhalten, Sünde gestraft und den Bösen gewehrt werde, so ergibt er sich aufs allerwilligste unter des Schwertes Regiment, zahlt Steuern, ehrt die Obrigkeit, dient, hilft und tut alles, was er kann, das der Gewalt förderlich ist, auf daß sie im Schwang und in Ehren und Furcht erhalten werde; obwohl er nichts davon für sich bedarf, noch es ihm nötig ist.

[...]

So fügt sichs denn beides fein zueinander, daß du zugleich Gottes Reich und der Welt Reich genug tust, äußerlich und innerlich, zugleich Übel und Unrecht leidest und doch Übel und Unrecht strafest, zugleich dem Übel nicht widerstehst und doch widerstehst. Denn mit dem einen siehst du auf dich und auf das Deine, mit dem andern auf den Nächsten und auf das Seine. In bezug auf dich und das Deine hältst du dich nach dem Evangelium und leidest Unrecht als ein rechter Christ; in bezug auf den andern und das Seine hältst du dich nach der Liebe und leidest kein Unrecht gegen deinen Nächsten.

[...]

Darum sollst du das Schwert oder die Gewalt gleichwie den ehelichen Stand oder Ackerwerk oder sonst ein Handwerk schätzen, die Gott auch eingesetzt hat.

D: Luther Deutsch. Die Werke Martin Luthers. Hrsg. von Kurt Aland. Bd. 7. 3., durchgesehene Auflage. Göttingen: Vandenhoeck & Ruprecht, 1983. S. 15–24.

19
Johannes Calvins Enttäuschung über Luther und Respekt vor ihm

Luthers Angriffe auf Calvin und Zwingli und dessen Nachfolger störten die Bemühungen, eine Einheit zwischen diesen protestantischen Strömungen zu erreichen. Um diese Bestrebungen nicht weiter zu gefährden, bittet Calvin den Nachfolger von Zwingli, Heinrich Bullinger, in diesem Brief vom 25. November 1544 um größte Nachsicht für die unleidliche Haltung Luthers.

... Ich höre, Luther sei kürzlich mit furchtbarem Schelten nicht nur über Euch, sondern über uns alle hergefahren. Es ist ja schon an sich traurig, daß wir, gering an Zahl und rings von Gegnern umgeben, noch in unserer eigenen Mitte im Kampf zusammenstoßen; aber zu unpassenderer Zeit konnte es wirklich nicht dazu kommen als gerade jetzt. Ich kann mich daher nicht anders ausdrücken als: Gott hat dem Satan die Zügel gelockert. Luther hat darin freilich, außer seinem eigenen, maßlos leidenschaftlichen und kecken Charakter, den Amsdorf zum Ratgeber, einen geradezu verrückten Menschen ohne Nachdenken. Er läßt sich von ihm lenken oder besser: auf Abwege führen. Es ist aber gut, wenn wir anerkennen, daß auch mit dieser Geißel der Herr uns schlägt; wir werden dann geduldiger tragen, was sonst entsetzlich herb wäre. Ich weiß nicht, ob Luther durch irgendeine Schrift von Euch gereizt worden ist; aber wenn ein Charakter wie der seine, der nicht nur reizbar, sondern verbittert ist, auch aus geringfügiger Ursache aufbraust, zu solchem Toben und Lärmen konnte er sicher keinen genügenden Grund haben.

Nun wage ich kaum, Euch zu bitten, Ihr möchtet stillschweigen; denn es wäre nicht recht, Unschuldige so schimpflich behandeln zu lassen und ihnen Gelegenheit zur Rechtfertigung zu verweigern; auch wäre schwer zu sagen, es wäre gut zu schweigen. Aber das ist mein Wunsch, daß Ihr Euch darauf besinnt, welch großer Mann Luther doch ist, durch welche außerordentlichen Geistesgaben er sich auszeichnet. Wie tapfer und unerschütterlich, wie geschickt, wie gelehrt und wirksam hat er bisher gearbeitet an der Zerstörung der Herrschaft des Antichrist und an der Ausbreitung der Lehre zur Seligkeit. [...]

Hätte er doch sich bemüht, sein stürmisches Wesen besser in Zaum zu halten, mit dem er überall herausplatzt! Hätte er doch die Leidenschaftlichkeit, die ihm angeboren ist, stets gegen die Feinde der Wahrheit gekehrt, statt sie gegen Knechte des Herrn blitzen zu lassen! Hätte er sich doch mehr Mühe gegeben, seine Fehler einzusehen! Am meisten haben ihm die Schmeichler geschadet, da er schon von Natur zu sehr dazu neigt, sich selbst milde zu behandeln. Doch ists unsere Pflicht, was fehlerhaft an ihm ist, so zu tadeln, daß wir seiner genialen Begabung etwas zu gut halten. Denk also vor allem daran, das bitte ich dich wie deine Kollegen, daß Ihr es zu tun habt mit einem Erstling unter den Knechten Christi, dem wir alle viel schulden. Ihr werdet ja auch, wenn Ihr in feindlichen Kampf mit ihm tretet, nichts erreichen, als daß Ihr den Ungläubigen ein Vergnügen bereitet, sodaß sie dann triumphieren werden nicht so sehr über unsere Personen als über die Sache des Evangeliums. [...] Ich möchte, du sähest es und bedächtest es, mehr als darauf, was Luther seiner maßlosen Heftigkeit wegen verdient. Es soll doch bei uns nicht eintreten, was Paulus tadelt [Gal. 5,15], dass wir uns gegenseitig beißen und fressen und dabei selbst verzehrt werden. Auch wenn Luther uns gereizt hat, ist es besser abzustehen vom Kampf als den Schaden größer zu machen zum Nachteil der ganzen Kirche.

D: Günter Gloede: Reformatorenbriefe. Berlin: Evangelische Verlagsanstalt, 1973. S. 342 f.

20
Augsburger Religionsfrieden (Auszug)

In Passau wurde am 2. August 1552 zwischen den Vertretern der Konfessionen ein Vertrag geschlossen. In ihm war der damals aktuelle konfessionelle Besitzstand vorläufig, das heißt bis zum nächsten Reichstag, der dann 1555 in Augsburg abgehalten wurde, festgelegt worden.

[§ 14] Setzen demnach, ordnen, wöllen und gebieten, das hinfüro niemands, was Würden, Stands oder Wesen der sei, umb keinerlei Ursachen willen, wie die Namen haben möchten, auch in was gesuchtem Schein das geschehe, den andern beveden, bekrigen, berauben, fahen, überziehen, belegern, auch darzu für sich selbs oder jemants andern von seinetwegen nit dienen, noch einich Schlos, Stet, Markt, Bevestigung, Dörfer, Höfe und Weiler absteigen oder on des andern Willen mit gewaltiger Tat freventlich einnemen oder gefarlich mit Brand oder in andere Wege beschedigen, noch jemands sölchen Tetern Rat, Hülf und in kein ander Weiß Beistand oder Fürschub tun, auch sie wissentlich und gefarlich nicht herberigen, behausen, ätzen, trenken, enthalten oder gedulten, sonder ein jeder den andern mit rechter Freundschaft und Christlicher Lieb meinen, auch kein Stand noch Glied des heiligen Reichs dem andern, so an gebürenden Orten Recht leiden mag, den freien Zugang der Profiant, Narung, Gewerb, Rent, Gült und Einkomen abstricken, noch aufhalten, sonder in alle wege die Keiserliche Maiestat und wir alle Stende, und hinwiderumb die Stende die Keiserliche Maiestat, uns, auch ein Stant den andern, bei diesen nachfolgenden Religions-, auch gemeiner Constitution des ufgerichten Landfriedens alles Inhalts bleiben lassen sollen.

[§ 15] Und damit sölcher Fried auch der spaltigen Religion halben, wie aus hievor vermelten und angezogenen Ursachen die hohe Notturft des heiligen Reichs Teutscher Nation erfordert, desto bestendiger zwischen der Röm. Kei. Mai.[55], uns, auch Churfürsten, Fürsten und Stenden des heil. Reichs Teutscher Nation angestelt, aufgericht und erhalten werden möchte, so sollen die Kei. Mai., wir, auch Churfürsten, Fürsten und Stende des heil. Reichs keinen Stand des Reichs von wegen der Augspurgischen Confession und derselbigen Lehr, Religion und Glaubens halb mit der Tat gewaltiger Weiß uberziehen, beschedigen, vergewaltigen oder in andere Wege wider sein Conscienz, Gewissen und Willen von diser Augspurgischen Confessions Religion, Glauben, Kirchengebreuchen, Ordnungen und Ceremonien, so sie aufgericht oder nochmals aufrichten möchten in iren Fürstentumben, Landen und Herschaften, tringen oder durch Mandat oder in einiger anderer Gestalt beschwären oder verachten, sonder bei sölcher Religion, Glauben, Kirchengebreuchen, Ordnungen und Ceremonien, auch iren Haabgütern, liegend und farend, Land, Leuten, Herrschaften, Obrigkeiten, Herrlicheiten und Gerechtigkeiten rüglich und friedlich bleiben lassen, und soll die streitig Religion nicht anderst, dann durch Christliche freundliche, friedliche Mittel und Wege zu einhelligem, Christlichem Verstand und Vergleichung gepracht werden, alles bei Kei. und Kö.[56] Würden, Fürstlichen Ehren, waren[57] Worten und Peen[58] des Lantfriedens.

[§ 16] Dargegen sollen die Stende, so der Augspürgischen Confession verwandt, die Röm. Kei. Maiestat, uns und Churfürsten, fürsten und andere des heil. Reichs Stende der alten Religion anhengig, Geistlich und Weltlich, sampt und mit ih-

55 Römische Kaiserliche Majestät.
56 Kaiserlichen und Königlichen.
57 wahren.
58 Strafen.

ren Capiteln und andern Geistlichs stands, auch ungeachtet, ob und wohin sie ihre Residenzen verrükt oder gewendet hetten (doch das es mit Bestellung der Ministerien gehalten werde, wie hie unden darvon ein sönderlicher Artikel gesetzt), gleicher gestalt bei ihrer Religion, Glauben, Kirchengebreuchen, Ordnungen und Ceremonien, auch ihren Haabgüttern, liegend und farend, Landen, Leuten, Herrschaften, Obrigkeiten, Herrlicheiten und Gerechtigkeiten, Renten, Zinsen, Zehenden unbeschwerdt pleiben[59] und sie derselbigen friedlich und rüglich gebrauchen, geniesen, unweigerlich folgen lassen und getrewlichen darzu verholfen sein, auch mit der Tat oder sonst in unguetem gegen demselbigen nichts fürnemen[60], sonder in allwege nach laut und außweisung des Heil. Reichs Rechten, Ordnungen, Abschieden und aufgerichten Landfrieden jeder sich gegen dem anderen an gepürenden ordenlichen Rechten benügen[61] lassen, alles bei Fürstlichen Ehren, waren Worten und bei Vermeidung der Peen, in dem ufgerichten Landfrieden begriffen.

[§ 17] Doch sollen allen andere, so obgemelten bede Religionen nit anhängig, in diesem Frieden nit gemeint, sondern genzlich ausgeschlossen sein.

[§ 18] [...] Wo ein Erzbischof, Bischof, Prelat oder ein anderer Geistlichs Stands von unser alten Religion abtretten wurdt, das derselbig sein Erzbistum, Bistum, Prelatur und andere Beneficia, auch damit alle Frucht und Einkommen, so er davon gehabt, alsbald on einiche Verwiderung und Verzug, jedoch seinen Ehren onnachteilig, verlassen, auch den Capiteln und denen es von gemeinem Rechten oder der Kirchen und Stift Gewonheiten zugehört, ein Person der alten Religion verwandt

59 ungehindert behalten dürfen.
60 unternehmen.
61 begnügen.

zu wölen und zu ordnen zugelassen sein, welche auch sampt der Geistlichen Capiteln und andern Kirchen bei der Kirchen und Stift Fundationen, Electionen, Presentationen, Confirmationen, altem Herkommen, Gerechtigkeiten und Gütern, liegend und farend, unverhindert und friedlich gelassen werden sollen, jedoch künftiger, Christlicher, freundlicher und entlicher Vergleichung der Religion unvergrifflich.

[§ 19] Dieweil aber etliche Stende und derselbigen Vorfarn etliche Stift, Clöster und andere Geistliche güter eingezogen und dieselbigen zu Kirchen, Schulen, milten und andern Sachen angewendt, so sollen auch sölche eingezogene Gütter, welche denjenigen, so dem Reich ohn Mittel underworfen und Reichsstende sein, nit zugehörig, und dero Possession die geistlichen zu Zeit des Passawischen Vertrags oder seithero nit gehabt, in diesem Friedstand mit begriffen und eingezogen sein, und bei der Verordnung, wie es ein jeder Stand mit obberürten eingezogenen und albereit verwendten Güttern gemacht, gelassen werden, und dieselbigen Stende dernhalb weder in noch ausserhalb Rechtens, zu Erhaltung eines bestendigen ewigen Friedens, nit besprochen, noch angefochten werden.

Derhalben befelen und gepieten wir hiemit und in kraft dieses Abschieds der Kei. Mai. Cammerrichter und Beisitzern, das sie dieser eingezogener und verwendter Gütter halben kein Citation, Mandat und Proces erkennen und decerniren sollen.

[§ 20] Damit auch obberürte bederseits Religions verwandte so vil mer in bestendigem Frieden und gutter Sicherheit gegen und bei einander sitzen und pleiben mögen, so sol die geistlich Jurisdiction (doch den Geistlichen Churfürsten, Fürsten und Stenden, Collegien, Clostern und Ordensleuten an iren Renten, Gült, Zins und Zehenden, weltlichen Lehenschaften, auch andern Rechten und Gerechtigkeiten, wie obsteet, unvergriffen) wider der Augspurgischen Confessions

Religion, Glauben, Bestellung der Ministerien, Kirchengepreuchen, Ordnungen und Ceremonien, so sie ufgericht oder ufrichten möchten, biß zu entlicher Vergleichung der Religion nit exercirt[62], gepraucht oder geübt werden, sonder derselbigen Religion, Glauben, Kirchengepreuchen, Ordnungen, Ceremonien und Bestellung der Ministerien, wie hievon nachvolgends ein besonderer Articul gesezt, iren Gang lassen, und kein Hindernus oder Eintrag dardurch bescheen und also hierauf, wie obgemelt, bis zu endlicher Christlicher Vergleichung der Religion die geistliche Jurisdiction ruhen, eingestelt und suspendirt sein und pleiben; aber in andern Sachen und Fellen, der Augspurgischen Confession Religion, Glauben, Kirchengepreuchen, Ordnungen, Cerimonien und Bestellung der Ministerien nit anlangend, sol und mag die geistlich Jurisdiction durch die Erzbischof, Bischof und andere Prelaten, wie deren Exercitium[63] an einem jeden Ort hergepracht und sie deren in Übung, Geprauch und Possession sein, hinfür, wie bißher, unverhindert exercirt, geübt und gebraucht werden.

D: Karl Brandi: Der Augsburger Religionsfriede vom 25. September 1555. Göttingen: Vandenhoeck & Ruprecht, ²1927. S. 33–52.

62 betrieben.
63 Beschäftigung.

Literaturhinweise

Quellen

Brandi, Johannes: Der Augsburger Religionsfriede vom 25. September 1555. Göttingen ²1927.

Briefe der Dunkelmänner. Übers. von Wilhelm Binder, rev. mit Anm. und Nachw. von Peter Amelung. München 1964.

Bühler, Johannes: Das deutsche Geistesleben im Mittelalter. Leipzig 1927.

Conradi Celtis Protucii: Panegyris ad duces Bavariae. Mit Einleitung, Übersetzung und Kommentar hrsg. von Joachim Gruber. (Gratia. Bamberger Schriften zur Renaissanceforschung 41.) Wiesbaden 2003.

Die zwölf Artikel der Bauern 1525. Kritisch hrsg. von Alfred Götze. In: Historische Vierteljahresschrift 5 (1902) S. 1–33.

[Erasmus von Rotterdam]: Ein klag des Frydens … durch meister Leo Jud … vertütscht. Zürich 1521.

– Ausgewählte Schriften. Lat./Dt. 8 Bde. Hrsg. von Werner Welzig. Bd. 3: In Novum Testamentum Praefationes / Vorreden zum Neuen Testament. Ratio / Theologische Methodenlehre. Übers., eingel. und mit Anm. vers. von Gerhard B. Winkler. Darmstadt ²1990.

Gloede, Günter: Reformatorenbriefe. Berlin 1973.

Hutten, Ulrich von: Deutsche Schriften. Hrsg. und mit Anm. versehen von Peter Ukena. Nachwort von Dietrich Kurze. Übersetzung des Pirckheimer-Briefes von Annemarie Holborn. München 1970.

Luther, Martin: Werke. Kritische Gesamtausgabe (Weimarer Ausgabe). Bd. 18. Weimar 1908.

– Luther Deutsch. Die Werke Martin Luthers. Hrsg. von Kurt Aland. Bd. 2. Göttingen: Vandenhoeck & Ruprecht, 1981.

– Luther Deutsch. Die Werke Martin Luthers. Hrsg. von Kurt Aland. Bd. 7. Göttingen 1983.

– Luther und der Wormser Reichstag 1521. Aktenstücke und Briefe. Zsgest. von Johannes Kühn (Voigtländers Quellenbücher 73). Leipzig 1914.

Machiavelli, Niccolò: Der Fürst. Übersetzt von Philipp Rippel. Stuttgart 1986.

Müntzer, Thomas: Schriften und Briefe. Kritische Gesamtausgabe. Hrsg. von Günther Franz. Gütersloh 1968.
Plöse, Detlef / Vogler, Günter (Hrsg.): Buch der Reformation. Eine Auswahl zeitgenössischer Zeugnisse (1476–1555). Berlin (Ost) 1989.
Savonarola: Predigten und Schriften. Hrsg. von Mario Ferrara. Salzburg 1957.
Steinitz, Wolfgang: Deutsche Volkslieder demokratischen Charakters aus sechs Jahrhunderten. Bd. I. Berlin 1954.

Darstellungen

Aubin, Hermann / Zorn, Wolfgang: Handbuch der deutschen Wirtschafts- und Sozialgeschichte. Bd. 1: Von der Frühzeit bis zum Ende des 18. Jahrhunderts. Stuttgart 1978.
Blickle, Peter (Hrsg.): Zugänge zur bäuerlichen Reformation. Zürich 1987.
– Die Revolution von 1525. München [4]2004.
Buck, August: Studien zu Humanismus und Renaissance. Gesammelte Aufsätze aus den Jahren 1981–1990. Wiesbaden 1991.
Burgard, Paul (Hrsg.): Die Frühe Neuzeit. Ein Lesebuch der deutschen Geschichte 1500–1815. München 1996.
Burke, Peter: Die Renaissance. Aus dem Englischen von Robin Cackett. Frankfurt am Main 1996.
– Die europäische Renaissance. Zentren und Peripherien. Aus dem Englischen von Klaus Kochmann. München 2005.
Burkhardt, Johannes: Das Reformationsjahrhundert. Deutsche Geschichte zwischen Medienrevolution und Institutionenbildung 1517–1617. Stuttgart 2002.
Cohn, Henry J.: Anticlericalism in the German Peasants' War 1525. In: Past and Present 83/1 (1979) S. 3–31.
Eberhard, Winfried / Strnad, Alfred A. (Hrsg.): Humanismus und Renaissance in Ostmitteleuropa vor der Reformation (Forschungen und Quellen zur Kirchen- und Kulturgeschichte Ostdeutschlands 28). Köln [u. a.] 1996.

Fuchs, Walter Peter: Das Zeitalter der Reformation (Handbuch der deutschen Geschichte 8). München [9]1999.
Hamm, Bernd / Welker, Michael: Die Reformation – Potentiale der Freiheit. Tübingen 2008.
Kawerau, Peter: Geschichte der mittelalterlichen Kirche. Marburg 1967.
Köpf, Ulrich: Deutsche Geschichte in Quellen und Darstellung. Bd. 3: Reformationszeit 1495–1555. Stuttgart 2002.
– Martin Luther. Der Reformator und sein Werk. Stuttgart 2015.
Kupisch, Karl: Kirchengeschichte. Bd. 3: Politik und Konfession. Die Reformation in Deutschland. Stuttgart [u. a.] [2]1983.
Leppin, Volker: Das Zeitalter der Reformation. Eine Welt im Übergang. Stuttgart 2009.
Lutz, Heinrich: Reformation und Gegenreformation. 5. Aufl., durchges. und erg. von Alfred Kohler (Olderbourg Grundriss der Geschichte 10). München 2002.
MacCulloch, Diarmaid: Die Reformation 1490–1700. Aus dem Englischen von Helke Voß-Becher, Klaus Binder und Bernd Leineweber. München 2008.
Meuche, Hermann / Neumeister, Ingeburg (Hrsg.): Flugblätter der Reformation und des Bauernkrieges. 50 Blätter aus der Sammlung des Schlossmuseums Gotha. Leipzig 1976.
Meuthen, Erich: Das 15. Jahrhundert. 5. Aufl., überarb. von Claudia Märtl (Olderbourg Grundriss der Geschichte 9). München 2002.
Mörke, Olaf: Die Reformation. Voraussetzungen und Durchsetzung (Enzyklopädie deutscher Geschichte 74). München [2]2011.
Oberman, Heiko Augustinus: Tumultus rusticorum. Vom »Klosterkrieg« zum Fürstensieg. In: Zeitschrift für Kirchengeschichte 85 (1974) S. 301–316.
– Die Wirkung der Reformation. Probleme und Perspektiven. Wiesbaden / Stuttgart 1987.
Plöse, Detlef / Vogler, Günter (Hrsg.): Buch der Reformation. Eine Auswahl zeitgenössischer Zeugnisse (1476–1555). Berlin (Ost) 1989.
Rublack, Ulinka: Die Reformation in Europa. Frankfurt am Main 2003.
Schilling, Heinz: Martin Luther. Rebell in einer Zeit des Umbruchs. München [2]2013.
Schnabel-Schüle, Helga: Die Reformation 1495–1555. Stuttgart 2006.

Schneider, Oscar: Nürnbergs große Zeit. Reichsstädtische Renaissance, europäischer Humanismus. Cadolzburg 2000.
Stupperich, Robert: Die Reformation in Deutschland. München 1972.
Thomson, S. Harrison: Das Zeitalter der Renaissance (Kindlers Kulturgeschichte Europas 11). Aus dem Amerikanischen übertragen von Grete und Karl-Eberhard Felten. München 1983.
Wagner, Fritz / Zintzen, Clemens (Hrsg.): Essays zu Mittelalter und Renaissance. Hildesheim [u. a.] 2011.
Winterhager, Friedrich: Bauernkriegsforschung (Erträge der Forschung 157). Darmstadt 1981.
Zimmermann, Gunter: Die Antwort der Reformatoren auf die Zehntenfrage. Frankfurt am Main / Bern 1982.

Abbildungsverzeichnis